ALICE PLATEN-HALLERMUND

DIE TÖTUNG GEISTESKRANKER IN DEUTSCHLAND

AUS DER DEUTSCHEN ÄRZTEKOMMISSION
BEIM AMERIKANISCHEN MILITÄRGERICHT
(LEITER PRIV. DOZ. DR. ALEXANDER MITSCHERLICH)

ALICE PLATEN-HALLERMUND

DIE TÖTUNG GEISTESKRANKER IN DEUTSCHLAND

PSYCHIATRIE-VERLAG

Die Deutsche Bibliothek – CIP-Einheitsaufnahme
Platen-Hallermund, Alice:
Die Tötung Geisteskranker in Deutschland : aus der Deutschen Ärztekommission beim Amerikanischen Militärgericht / Alice Platen-Hallermund. – 2. Aufl., Reprint der Erstausgabe von 1948.
Bonn : Psychiatrie-Verl., 1993
ISBN 3-88414-149-X

Die Erstausgabe erschien im Juli 1948 in einer Auflage von 3000 Stück
im Verlag der Frankfurter Hefte (Lizenznummer: US-W-[illegible]010,
gegründet von Walter Dirks und Eugen Kogon).
Allerdings wurde die Auflage nicht vollständig verbreitet.
Der Reprint der Erstausgabe erscheint im Psychiatrie-Verlag, Bonn 1993.
Der Verlag dankt der Autorin für die freundliche Abdruckgenehmigung,
Herrn Bernd Lehle für Hinweis und Vermittlung sowie
Herrn Klaus Dörner für sein Geleitwort.

Umschlaggestaltung: markus lau hintzenstern, Berlin
unter Verwendung des Originalschriftzuges von W. Gi[illegible]e

PROFESSOR VIKTOR VON WEIZSÄCKER
IN DANKBARKEIT UND VEREHRUNG

Inhalt

Alice Ricciardi-von Platen

VORWORT ZUR NEUAUFLAGE VON 1993

1946 wurde eine Kommission unter Leitung von Dr. Alexander Mitscherlich durch die Ärztekammer beauftragt, den sogenannten Ärzte-Prozeß vor dem Nürnberger Militärgericht zu beobachten. Die Anklage betraf Ärzte in Konzentrationslagern, die Menschenversuche durchgeführt hatten, und die Ärzte und Beamten der sogenannten Euthanasie-Aktion Hitlers zur Tötung der Geisteskranken.

Als die Berichte veröffentlicht wurden, war das hungernde Deutschland an solchen Fragestellungen nicht interessiert und auch die Ärztekammer selbst wollte die Tätigkeit so vieler Ärzte an verantwortlicher Stelle an Vernichtungsaktionen nicht bekannt werden lassen. So ist diese erste Dokumentation nie verbreitet worden und erst die viel ausführlicheren Werke von Klee, Kaul, Nowak, Reitlinger etc. haben das Schweigen gebrochen.

Als ich damals versuchte, die psychologischen Ursprünge der Massentötungen zu erklären und ihren weltanschaulichen Wurzeln nachzugehen, mußte ich die rassenhygienische Literatur durcharbeiten, die zum Pflichtfach für Medizinstudenten unter dem Nationalsozialismus erhoben worden war. Die Nürnberger Verteidiger führten sie als wissenschaftliche Rechtfertigung der Angeklagten an; diese Literatur wies immer wieder auf die Notwendigkeit hin, den „Volkskörper" von der Vergiftung durch „Entartete" zu befreien und seine ursprüngliche (wann?) Reinheit wiederherzustellen. Zur Erreichung dieses Ideals sei jedes persönliche Opfer zu verantworten.

Ich hätte nie gedacht, daß der mächtige Sowjet-Staat auseinanderbrechen könnte, um kleine, kaum lebensfähige Nationalstaaten entstehen zu lassen, die den Anspruch auf Reinigung ihres Territoriums von Fremden und ihres Volkes von fremdstämmigen Elementen erheben würden. Diese archaischen Begriffe erinnern stark an die nationalsozialistische Blut- und Boden-Ideologie, die veraltete wirtschaftliche Isolationsbestrebungen aufgreift und leugnet, daß menschliche Wandlung stets aus der kreativen Vermischung des Gewesenen mit neuen, fremden Elementen entstanden ist. Allerdings haben sich stets die Anziehungskraft des Neuen, Andersartigen und die Angst davor die Waage gehalten, diese Ambivalenz von Liebe und Haß beherrscht unsere Geschichte. Allerdings ist es ein neues Phänomen unserer an blutigen

Völkermorden reichen Geschichte, im Namen der „ethnischen Säuberung“ seit langem in Mischkulturen lebende Volksteile zu vertreiben und zu töten; der technisch-bürokratische Fortschritt erleichtert es, die als „Umsiedlung“ bezeichnete Vernichtung voranzutreiben. So wird kultureller Austausch und gegenseitige Befruchtung, von den Nationalsozialisten als Degeneration verpönt, aber seit Jahrtausenden in Europa die Regel, endgültig unterbunden.

Inzwischen ist in den westlichen Staaten zumindest die Angst und der Haß gegenüber den Geisteskranken weitgehend abgebaut worden; medizinische Fortschritte und allgemeine Aufklärung haben das Ihre dazu beigetragen, aber Verachtung und Haß gegen alles Fremdartige und die Angst vor den Fremden nehmen überall zu; wie unter den Nationalsozialisten die Geisteskranken werden jetzt die Fremden als unnütze Esser und als wirtschaftliche Belastung etc. bezeichnet.

Im Kampf gegen Erbkrankheiten wird jetzt oft von der Möglichkeit gesprochen, durch Gen-Manipulation die Betroffenen von ihrer Krankheit zu befreien; es ist sicher verfrüht, über dieses an sich segenreiche Vorgehen zu urteilen. Es erhebt sich aber sofort die Frage, wie weit diese Wissenschaft gehen wird, um den Wunsch nach dem idealen Menschen zu erfüllen. Werden Erbkranke zwangsweise bürokratisch „erfaßt“ werden? Welche Aussicht auf Hilfe und Verständnis werden Verkrüppelte haben? Wird ein völlig gesunder Standard-Mensch das neue Ideal sein?

Man muß hoffen, daß gerade die Ärzte bei diesen neuen Aufgaben mit größter Vorsicht vorangehen und versuchen werden, Verständnis für körperlich und geistig Andersartige zu erwecken.

Ich möchte an dieser Stelle Herrn Prof. Klaus Dörner und dem Psychiatrie-Verlag meinen herzlichen Dank aussprechen für die Neuauflage des Büchleins.

Rom, im Sommer 1993

Klaus Dörner

GELEITWORT ZUR NEUAUFLAGE 1993

Dieses Buch ist der erste Versuch, die medizinischen und insbesondere die psychiatrischen Verbrechen der Nazis darzustellen, ihre historische Wurzeln aufzuzeigen, die konkrete Organisation dieser Verbrechen am Beispiel Hessens zu dokumentieren und auch noch den Persönlichkeiten einiger Täter gerecht zu werden. Der schreckliche Inhalt des Buches verschlug uns allen in Deutschland offenbar so sehr die Sprache, daß es – ebenso wie die wenigen ähnlichen Bücher – nach kurzer Zeit weitgehend erfolgreich vergessen und verdrängt werden konnte.

Ab der zweiten Hälfte der 60er Jahre waren einige wenige von uns so weit, daß sie sich an die Entdeckung oder Wiederentdeckung des Buches wagten. Es mußte aber noch einmal viele Jahre dauern, bis ab 1980 abrupt und explosionsartig sehr viele und noch jüngere Deutsche sich noch weiter wagten: Von dieser Zeit an wurde dieses Buch nach Form und Inhalt zum Prototyp für eine Flut von Büchern und Aufsätzen, die sich bemühten, insbesondere die NS-Psychiatrie-Verbrechen inzwischen fast jedes psychiatrischen Krankenhauses und fast jeder Einrichtung für geistig Behinderte und fast jeder Region des Deutschen Reiches zu rekonstruieren. Plötzlich war möglich geworden, was jahrzehntelang alle Älteren die Augen geblendet und die Kehle zugeschnürt hatte. Die wenigen Exemplare des Buches wurden jetzt mühsam gesucht, der kollektiven Verdrängung entrissen.

Mehr müßte ich eigentlich nicht schreiben; denn die Autorin, die heutige Dr. med. Alice Ricciardi-von Platen, beschreibt in ihrem Vorwort zur Neuauflage 1993 selbst mit behutsamen Worten ihr damaliges Tun, nicht ohne den schmerzhaften Bogen zu der heute aktuellen „Angst vor dem Fremden“, dem „Haß gegen alles Fremdartige“ und zur „ethischen Säuberung“ zu schlagen. Könnte es einen traurigeren und daher notwendigeren Zeitpunkt für die Neuauflage geben?

Die heutige Lektüre des Buches zeigt, daß fast alle grundlegenden Gedanken zur Erklärung, soweit das überhaupt möglich ist, der psychiatrischen NS-Verbrechen schon 1948 gedacht und ausgesprochen waren, offenbar für uns historisch zu früh, so daß wir ab 1980, trotz unseres jetzt viel größeren Wissens, oft dieselben Erklärungsansätze wiederfinden mußten – jetzt freilich mit einer größeren Resonanz und Bereitschaft, sich ihnen auszusetzen.

So beschreibt die Autorin schon 1948 die wichtige Täter-Fraktion der „Idealisten", die aus einem Gemisch aus revolutionärer Begeisterung, die Gesellschaft heilen zu können, und „tödlichem Mitleid" gehandelt und gemordet haben. Sie beschreibt den „biologischen Utilitarismus", als ob ihr die heutige Singer-Debatte schon geläufig wäre. Sie beschreibt, daß die „Freigabe" auch nur eines Menschen an den „Gnadentod" alle Grenzen sprengt und „das Verhältnis zwischen Arzt und Kranken auf der ganzen Welt in Frage stellt". Indem sie die psychiatrischen Morde der Nazis als Versuch der Lösung eines „sozialen Problems" erkennt, stellt sie schon damals die heute diskutierte Hypothese auf, ob nicht eine der Hauptabsichten der Nazis die „Endlösung der sozialen Frage" gewesen sein könnte. Sie beginnt die schwierige Mitleids-Diskussion, die erst heute breiter entfaltet wird, und weist darauf hin, daß in Deutschland aufgrund der Bismarckschen Sozialgesetzgebung der Staat eine viel autoritärere Verfügungsgewalt gegenüber kranken Menschen als in anderen Ländern hat, ihnen Schutz gewähren, aber eben auch versagen kann. Auch fällt ihr schon damals der uns manchmal zur Verzweiflung treibende Zusammenhang auf, daß gerade an der Therapie besonders interessierte Psychiater wie Carl Schneider, Heyde und Nitsche die Chef-Organisatoren der Ermordung ihrer Patienten waren.

Ich kann die brennend aktuelle Bedeutung dieses Buches und die Notwendigkeit, es gerade jetzt zu lesen, nicht eindrücklicher unterstreichen, als mit einem Zitat aus der Seite 16 des Buches, das auch heute geschrieben sein könnte: „In den heutigen Notzeiten vertreten erschreckend viele jüngere Ärzte und Rechtsanwälte unter vier Augen die Euthanasie, wenn sie unter Aufsicht des Staates und unter anderen Bedingungen als im Dritten Reich durchgeführt würde; und sie bedauern nur, daß diese Lösung der psychiatrischen Probleme im Augenblick nicht erwogen werden kann. Auch das Volk ist in konfessionell nicht gebundenen Kreisen nach wie vor vielfach für eine ‚Erlösung' der Geisteskranken von ihrem lebensunwerten Leben. ...Das heutige öffentliche Leben bietet keine Gegenbeweise gegen die Vertreter des Rechtes des Stärkeren. Es wird eine Arbeit von Generationen sein, diese Auffassung des Geisteskranken und Kranken überhaupt durch eine andere zu ersetzen, eine Aufgabe, die nur durch eine neue Sicht des Menschen zu lösen ist."

Gütersloh, im Sommer 1993

VORWORT

An Hand der Darstellung der sogenannten Euthanasie-Aktion in einem kleinen Kreise nämlich den hessen-nassauischen Anstalten Hadamar, Eichberg und Kalmenhof, sowie auf Grund zahlreicher Dokumente aus dem Nürnberger Prozeß vor dem Amerikanischen Militärgericht Nr. 1 soll hier aufgezeigt werden, welche geistigen Voraussetzungen zu den Tötungen Geisteskranker im nationalsozialistischen Deutschland führten und wie sich die Prinzipien des Dritten Reiches auf dem Gebiet der Irrenpflege durchsetzten. Die Arbeit kann keinen Anspruch auf Vollständigkeit erheben. Gleiches oder Ähnliches ist in ganz Deutschland geschehen, und es ist Zufall, daß aus der Fülle des Materials über die „Euthanasie" in Deutschland gerade dieser kleine Ausschnitt gewählt wurde, nicht die Dokumente aus den österreichischen, brandenburgischen, sächsischen oder württembergischen Anstalten.[1] Wichtig allein war, daß ein möglichst konkretes Bild entstehen konnte. Es läßt sich an diesem Teilgebiet des deutschen öffentlichen Lebens die nationalsozialistische Gedankenwelt und die Verwirklichung der Ideen Hitlers zeigen, so, wie sie in das innerste Leben und die Rechte des Einzelnen eingriffen und es umgestalten wollten. Es sollen auch die verschiedenartigen Strömungen in der Partei und SS, die Verschiedenheit der Auffassung der „Idealisten", die aus Mitleid töteten, der fanatischen Rassenhygieniker und der Parteigewaltigen mit ihrem Vernichtungswillen berührt werden. Denn es sind auch jetzt solche „Idealisten" überall zu finden, die behaupten werden, daß die nach ärztlichen Gesichtspunkten streng durchgeführte Euthanasie, nicht die zügellose des nationalsozialistischen Staates, Tausende von Geisteskranken von einem menschenunwürdigen Leben erlösen könnte und dazu dem Staat Lasten abnehmen würde, die er nicht tragen kann. Daß viele Anstalten wirtschaftlich selbständige Betriebe sind, die dem Staat sogar Einkünfte bringen, wird dabei gerne verschwiegen. Das Ausmaß der Tötungen in den deutschen Irrenanstalten beweist, daß es keine Grenzen gibt, wenn einmal die Vernichtung des sogenannten lebensunwerten Lebens anfängt; aus biologischen und materiellen Erwägungen wird so lange „unnormales" Leben vernichtet werden, bis sich das Leben selber vernichtet hat.

In der Wirklichkeit sind die bedauernswerten „Menschenhülsen", die aus Mitleid von ihren Qualen erlöst werden müssen, nicht zu finden. Sie sind eine Fiktion des biologischen Utilitarismus, für den der Kranke, der nicht arbeitet, kein Mensch mehr ist. Nach der Berechnung der sogenannten „Kanzlei des Führers", die für die Organisation der Euthanasie verantwortlich war, kommen auf eine Bevölkerungszahl von 1000 Menschen 10 Geisteskranke, von denen 5 anstaltsbedürftig sind und ein „geistig Toter", der der Vernichtung verfallen sollte. Tatsächlich sind ungefähr 70 000 Geisteskranke bei einer Bevölkerung von über 70 Millionen umgebracht worden. Unter diesen Toten aber sind nur sehr wenige Kranke, deren Leben als erloschen bezeichnet werden könnte, denen kein Lebensfunke zu entlocken gewesen wäre. Viele arbeitsfähige, völlig über ihr Schicksal orientierte Menschen sind neben mehr oder minder geistig Gestörten und Schwachsinnigen damals in den Euthanasie-Anstalten vergast worden. Doch damit nicht genug. Der Rassenhygieniker der Universität Gießen, Prof. Kranz, hat die Vernichtung von einer Million Menschen, die als gemeinschaftsunfähig bezeichnet wurden, gefordert! Und die Partei war darüber unterrichtet, daß die Unterbrechung der Euthanasie nach Vernichtung von 1‰ der Bevölkerung durch zeitbedingte Schwierigkeiten notwendig geworden war, die Vernichtung der Minderwertigen aber nach dem Kriege fortgeführt werde.

Das Recht des Individuums auf den Schutz des Staates ist anscheinend im Zeitalter des Kollektivs nicht mehr selbstverständlich. Doch droht sich das Kollektiv selbst zu vernichten, wenn die Destruktionstendenzen die Oberhand gewinnen dürfen, wo es um Kranke und Hilflose geht. Solange Menschen leben, wird nur ein Teil von ihnen der Norm eines Durchschnittsmenschen entsprechen; doch wäre das Leben farblos und wir arm an Kenntnis und Wissen über den Menschen und sein Sein, wenn wir zuließen, daß die „Abnormen“ kurzerhand beseitigt würden. Gerade Geisteskranke mit der Fülle ihrer Visionen und inneren Bilder stellen uns mitten in die Problematik des Menschseins; gerade dem Geisteskranken sollte unsere Ehrfurcht und Liebe gelten, ist er doch in besonderer Weise hilflos den Dämonen preisgegeben und aus der menschlichen Gemeinschaft ausgeschlossen, — wenn auch „den Göttern näher“, wie Norbert von Hellingrath in seiner Rede über Hölderlins Wahnsinn [2] schrieb.

Arzt und Kranker, oder bei einem Geisteskranken dessen gesunde Angehörige, sollten in Beug auf die Krankheit eine Einheit bilden und dieselbe Einstellung zu ihr haben. So fordert Viktor von Weizsäcker die Solidarität zwischen Arzt und Kranken, gerade auch bei den Vernichtungsmaßnahmen, die die heilende Medizin in sich begreifen muß, wie zum Beispiel der Amputationen. „Diese Gegenseitigkeit, die die Basis aller ärztlichen Handlungen sein muß, ist einer fiktiven, autoritären Überordnung gewichen, wenn Kranke von Ärzten getötet werden. Es steckt im Ausweichen vor der Gegenseitigkeit also eine Selbstbehauptung, und sie maskiert sich mit einer Abwertung des Kranken, die sich auf Wissenschaft, Wahrheit oder Gefühl von der Würde des Menschen beruft . . . Diese Abwertungen sind aber, ob sie nun begründbar sind oder nicht, jedenfalls nicht in Gegenseitigkeit mit dem Kranken gefundene Wertungen. Die Urteilsfindung ist nicht in der Begegnung mit diesem individuellen Kranken erfolgt, sondern von wo anders her gefunden worden.“ [3]

Ziel unserer heutigen Psychiatrie, von ernsthaften Psychiatern immer verfochten selbst gegen größte Widerstände, ist, die Begegnung mit dem Kranken zu ermöglichen. Nur dann kann der Kranke auf Verstehen und auf Heilung hoffen, nur dann werden alle Scheinlösungen der geistfernen und rein biologischen Denkweise vermieden.

Die Euthanasie ist, trotz aller Argumente ihrer Anhänger und Verfechter, nie ein ärztliches, sondern nur ein politisches Problem gewesen, wie es sich deutlich bei seiner Entwickelung in Deutschland zeigen läßt. Im ärztlichen Bereich gilt es, dem Leben zu seinem Recht zu verhelfen; Krankheit, als dem Leben zugehörig, muß vom Arzt erkannt und wenn möglich behandelt werden, er darf sie nicht leugnen oder sie, zugleich mit dem Leben, auszulöschen suchen.

Bei der heutigen Ausbreitung von Krankheit und der Abneigung des modernen Menschen, die geringste Abartigkeit willig zu tragen, ist die ursprüngliche Aufgabe des Arztes oft nicht mehr erkannt, sondern er hat sich richterliche oder seelsorgerische Rechte angemaßt, die ihm nicht zukommen. So kann auch die Entscheidung über Leben und Tod niemals in der Hand des Arztes liegen, wenn er seinen Bereich nicht überschreitet. Das Verhältnis zwischen Arzt und Kranken ist auf der ganzen Welt in Frage gestellt, wo die Grundbedingungen des Arztberufes nicht mehr erkannt werden. So hat im Sommer 1947 eine Versammlung von 1776 Ärzten in New York beschlossen, einen Gesetzentwurf vorzulegen, nach dem es Antragstellern ermöglicht werden soll, sich durch einen Arzt in hoffnungslosen Fällen töten zu lassen. Diese freiwillige Euthanasie, die als so human gepriesen wird, kann nur dort vertreten werden, wo ein flacher Eudaimonismus die wirklichen Grundlagen des Menschseins erschüttert hat und der Mensch von Tod und Leiden nichts wissen will.

DIE WURZELN DES EUTHANASIEGEDANKENS IN DEUTSCHLAND

Es ist hier nicht der Platz, die Euthanasie, wie sie in Deutschland während des Zweiten Weltkrieges heimlich ausgeübt wurde, mit den Bestrebungen anderer Länder zu vergleichen, in denen schon häufig diskutiert wurde, ob unheilbar Leidende auf eigenen Wunsch getötet werden dürfen.[4] In Deutschland ist die Euthanasie von Anfang an nicht so sehr als die Frage nach dem Verfügungsrecht des Leidenden über das eigene Leben betrachtet, sondern als ein im Wesentlichen soziales Problem angesehen worden. Binding und Hoche[5] reden in ihrem für die späteren Diskussionen grundlegenden Werk zwar vor allem von der Tötung „geistig Toter“ als „Ausfluß freien Mitleids mit den Kranken“. Insofern ist hier die menschliche Einzelperson noch nicht völlig aus dem Blickfeld geschwunden; sie rückt aber deutlich an dessen Rand, wenn betont wird, daß die Kranken „für ihre Angehörigen wie für die Gesellschaft eine furchtbar schwere Belastung bilden. Ihr Tod reißt nicht die geringste Lücke, — außer vielleicht im Gefühl der Mutter oder treuen Pflegerin.“ Die Nützlichkeitserwägung steht dabei im Vordergrund: „Daß es lebende Menschen gibt, deren Tod für sie eine Erlösung und zugleich für die Gesellschaft und den Staat insbesondere eine Befreiung von einer Last ist, deren Tragung außer dem einen, ein Vorbild größter Selbstlosigkeit zu sein, nicht den kleinsten Nutzen stiftet, läßt sich in keiner Weise bezweifeln."

In den verschiedenen Schriften über das Euthanasieproblem taucht das Wort „Mitleid" häufig auf, aber wenn man genauer zusieht, ist hauptsächlich das Mitleid mit den Angehörigen des Geisteskranken gemeint oder die Erschütterung durch ihren traurigen Anblick. Meltzer [6] in seiner Schrift gegen die Freigabe der Vernichtung „lebensunwerten" Lebens betont mit Recht, daß Binding-Hoches „geistig Tote" nur sehr selten leiden oder Lebensüberdruß zeigen und daß das Mitleid der Besucher von Irrenanstalten meist der Menschheit gilt, die solche Entartungen hervorbringt.

Wir müssen in Erwägung ziehen, daß Deutschland auch durch seine soziale Gesetzgebung eine ganz andre Einstellung zur Krankheit hat, als andere Länder. Wir empfinden es als selbstverständlich, daß die Krankenkasse oder der Staat für den arbeitsunfähigen Kranken sorgt, aber auch in den Verlauf der Behandlung durch seine beamteten Ärzte eingreift. Es ist von hier aus kein sehr großer Schritt, wenn schließlich das Staatsoberhaupt sich anmaßt, Staatsbürgern, die geistig erkrankt und von keinem sozialen Nutzen sind, den Schutz zu versagen und sie der Vernichtung preiszugeben. Die Ärzte, die in Hitlers „Euthanasieprogramm" verwickelt sind, sind vorwiegend beamtete Ärzte. Wir hören in den Zeugenaussagen von einer Versammlung von fünfzig bis sechzig Psychiatern und Leitern von Irrenanstalten, meist zuverlässigen Parteigenossen, denen das Programm vorgetragen wurde und die — mit einer einzigen Ausnahme — keinen Protest äußerten; und wir verstehen das vielleicht besser, wenn wir uns klar machen, daß diese Ärzte als Gutachter seit Jahren gewohnt waren, wichtige Entscheidungen über ihre Kranken auf Veranlassung des Staates und unter seiner Verantwortung zu fällen. Es erschien ihnen darum wohl gar nicht so abwegig, wenn der Staat diesmal eine noch schwererwiegende Entscheidung forderte, nämlich die über Leben und Tod ihrer Anstaltsinsassen. An der Berechtigung des Staates zur Euthanasie haben sie anscheinend nach Zerstreuung einiger juristischer Bedenken nicht gezweifelt.

Bei Hitler selbst und der „Elite“ seines Staates, der SS, hat wohl die Rassentheorie im weitesten Sinne die entscheidende Rolle gespielt; und von diesen Gedanken haben sich sicher auch die SS-Ärzte leiten lassen, die im Euthanasieprogramm mitarbeiteten. Hitlers Haß gegen alles „Entartete“ hat zweifellos sehr persönliche seelische Wurzeln; als er sich in den Nachtasylen Wiens herumtrieb und selber zu den Minderwertigen gehörte, wird er in ihm an Macht gewonnen haben. Es ist auch kein weiter Schritt von dieser Angst vor den Nachtseiten des Lebens zu jenen Auffassungen primitiver Stämme, die ihre Unheilbaren und Mißbildeten in den Urwald aussetzen oder lebendig begraben, damit die Dämonen gebannt sind.[7] Der moderne Mensch ist darin dem Primitiven ähnlich, daß er nicht den Mut hat, dem Schrecklichen gegenüberzutreten, daß er ihm lieber ausweicht oder es negiert. Die unter diesen „weltanschaulichen“ Einflüssen zum Fanatismus entartete Rassenhygiene hat einen sehr bezeichnenden Vertreter gefunden in Prof Dr. H. W. Kranz, Gauamtsleiter des Rassenpolitischen Amtes der NSDAP, Gau Hessen-Nassau, Direktor des Universitätsinstituts für Erb- und Rassenpflege der Universität Gießen. Es liegt nahe, daß die Gedanken eines solchen Mannes von großem Einfluß auf die Tötungen im benachbarten Hadamar waren. Im April 1940 erschien von ihm ein Artikel im „NS-Volksdienst“, dem Organ des Hauptamtes für Volkswohlfahrt in der Reichsleitung der NSDAP, „Das Problem der Gemeinschaftsunfähigen im Aufartungsprozeß unseres Volkes“. Dieser Artikel ist eine Mischung aus seichtester Verherrlichung der deutschen Rassewerte und Haß auf alles Abnorme:

> „Wenn wir aus geschichtlich tiefsten Tiefen kommend heute unter der genialen Führung eines Begnadeten nach den Sternen greifen und — inmitten eines Rassenverfalles der übrigen europäischen Welt — eine neue Ordnung aufzubauen berufen scheinen, so müssen wir alles dransetzen, unser Volk und sein Erbe so gesund und so tüchtig zu machen, wie es nur irgend möglich ist, denn nur so werden wir die Ewigkeit unseres Volkes verdienen helfen.“

Die Tüchtigkeit des Erbes wird durch den „gewaltigsten Aufartungsprozeß, den jemals ein Volk bislang auf dieser Erde begonnen hat" gewährleistet; aber Gefahren drohen dem Erbe nach Kranz nicht nur durch die sogenannten Erbkrankheiten, sondern auch durch die von ihm erstmalig beschriebenen Asozialen-Sippen[8], ein wissenschaftlich unhaltbarer Begriff, der die umstrittene Erblichkeit der Psychopathie voraussetzt und das Bestehen eines Milieuschadens nicht in Betracht zieht. Die einzige Möglichkeit, dieser Gefahr Herr zu werden, sei die „Ausmerze" dieser Asozialen, ein rassenpolitisch noch weit wichtigeres Problem als die Sterilisierung der Erbkranken.

> „Wir haben den Einzelmenschen danach zu bewerten, wie er sich zu dieser Gemeinschaft stellt, ob und wie er sich in die Gemeinschaft einordnet und welche Leistungen er für sie vollbringt. Grundsätzlich ergibt sich jedenfalls, daß nicht nur die Kriminellen eine wirtschaftliche und biologische Gefahr für das Volksganze bilden, sondern daß es noch eine viel größere Zahl von Menschen gibt, die ohne straffällig zu werden, als Schmarotzer an der Gesamtheit anzusehen sind, Schlakken der menschlichen Gesellschaft: das wahrscheinlich an die Million heranreichende Heer der Gemeinschaftsunfähigen, deren erbliche Anlagen nur auf dem Wege der Ausmerze aus dem Fortpflanzungsprozeß ausgeschieden werden können . . ."

An diesem Beispiel zeigt sich besonders deutlich, wie die im Rassedenken enthaltene verzerrte Gemeinschaftsidee in einen gefährlichen Vernichtungswillen gegen alles Andersartige umschlägt. Gerade im Namen der Gemeinschaft aber sind viele „Idealisten" zum Nationalsozialismus gekommen und haben ihr eigenes Wohl und ihre Wünsche dem des Staates untergeordnet. Der Glaube an eine neue Gemeinschaft und die Sehnsucht nach Hingabe an ein größeres Allgemeines hat begeisterungsfähige junge Ärzte, die im biologischen Denken aufgewachsen waren und für die Leben ein nur biologischer Wert war, zur Euthanasie gebracht. Karl Brandt, einer der besten Repräsentanten dieses idealistischen Typus, sagte in seinen Schlußworten vor dem amerikanischen Militärgericht in Nürnberg am 19. 7. 1947:

„. . . Denn es bleibt für das Individuum das Ereignis sinnwidrig, wie mein Tun als Arzt zu sein scheint, wenn man es isoliert betrachtet. Der Sinn liegt tiefer, er ist das Motiv, das der Gemeinschaft gilt. Trage ich um ihretwillen eine Schuld, so werde ich diese um ihretwillen verantworten.“

Zu der Verbeamtung sozialmedizinischen Denkens und zu dem Einfluß einer fanatisch übersteigerten Rassenhygiene kommt noch hinzu die vorwiegend biologische Denkweise einiger einflußreicher Psychiater. Es läßt sich nicht leugnen, daß die besten Irrenanstalten Deutschlands, die einen internationalen guten Ruf hatten, vor der Zeit der Arbeits- und Schocktherapie einen trostlosen Anblick boten. Gerade die aktiven jüngeren Psychiater Deutschlands suchten hier nach einem Ausweg. Ihr Ziel war es, die Therapie in den Anstalten zu bessern und mehr Kraft und Geld für den einzelnen besserungsfähigen Kranken zu haben, der noch ein sinnvolles Mitglied der Gesellschaft werden könnte. Und wir finden nun die seltsame Tatsache, daß gerade einige an der Therapie interessierte Psychiater wie Carl Schneider, Heyde und Nitsche, alles Männer der Praxis, Vorkämpfer für die Euthanasie der Geisteskranken geworden sind, was bei konsequenter Fortführung die Selbstaufhebung der psychiatrischen Wissenschaft durch Vernichtung ihrer Objekte bewirkt hätte.

Professor Carl Schneider war der bedeutendste Verfechter der Arbeitstherapie, der das grundlegende Werk dieser Richtung [9] geschrieben hat, ein auch zum Verständnis dessen, was sich später ereignete, wichtiges Buch. In der Einleitung preist er die rein biologische Richtung der Psychiatrie:

„Wenn nicht alle Zeichen trügen, befindet sich die Lehre von den Geistesstörungen in einem entscheidenden Abschnitt ihrer Umbildung zu einer wahrhaft exakten Naturwissenschaft.“

und: Die Vollendung des Umbaus der Psychiatrie schließt daher eine biologische Auffassung seelischer Tatsachen in sich.“

Über die Stagnation der Psychiatrie schreibt er:

„Wir glauben aber, daß nur der Übergang zu entschlossenem Behandlungswillen mit aktiv-biologischen

Heilweisen und die kritisch-erfahrungsmäßige Durchforschung der Heilvorgänge die Voraussetzung schaffen, auf welcher sich die Verwandlung der Psychiatrie vollziehen wird." (Seite 81.)

Er plante eine Reform des Anstaltswesens mit Hilfe der Arbeitstherapie, in der jede Anstalt aus ihrer ländlichen Stille und Abgeschiedenheit zu lösen und in volle Berührung mit den Arbeitsnotwendigkeiten des Volkes zu bringen sei. Dann seien erst die bisher nicht gerechtfertigten Ausgaben für Anstaltsbauten nicht mehr nur ein unverantwortlicher Raub am Wohle der auf sich und ihre Kraft gestellten Erbgesunden. Auch hier hören wir wieder einen Fürsprecher des Rechtes der Gemeinschaft und Leugner des Rechtes des Einzelnen, dem das Gemeinwohl und das biologisch „lebenswerte" Leben absolute Maßstäbe geworden sind. Am Anfang des Abschnittes über die Verhütung der Geisteskrankheiten findet sich ein bezeichnendes Bekenntnis zu Hitler:

> „Der dringende rassenhygienische Wunsch der Psychiatrie hat in der Erbgesetzgebung des Dritten Reiches seine Erfüllung in einer Form gefunden, welche jederzeit auf Grund der erreichten Erfolge die nächsten Schritte bis zur völligen Erbgesundung unseres Volkes zu tun erlaubt. Maßgebend dafür sind die Richtlinien, die der Führer Adolf Hitler in „Mein Kampf" gegeben hat." (S. 421.)

Schneider betont zwar gegenüber einer unkritischen Propagierung der „Ausmerze" ausdrücklich: „Es ist mit dem Worte unheilbar nicht die Unmöglichkeit ärztlichen Handelns verbunden" und: „Die größtmögliche Lebensleistung auch des Unheilbaren muß erzielt werden." Aber es lag nicht mehr in seiner Macht, die einmal in die Wege geleitete Ausrottung aufzuhalten. Eine einseitig naturwissenschaftlich-biologische Denkweise kann auch nie die innere Kraft zum Widerstand gegen jene äußersten Folgerungen besitzen; diese entspringen einem verfehlten Menschenbild, das gerade eine Konsequenz ihrer eigenen Weltanschauungen ist. Der Nationalsozialismus sah den Kampf ums Dasein für die Grundlage einer natürlichen Weltordnung, für ein Naturgesetz, dem der Mensch nicht entgehen könnte, und leitete daraus seine Verherrlichung des Kampfes um seiner selbst willen ab. Jeder Versuch, diese natürliche Weltordnung zu leugnen, sei als sentimentale Ausgeburt einer veralteten humanitären Weltanschauung anzusehen. Neue anthropologische Forschung ist zu einem ganz andern Ergebnis gekommen: der Mensch mit seiner verzögerten Entwicklung hat sich durch den Verlust seiner animalischen Instinktsicherheit ein unschätzbares Gut erworben: die Freiheit der Entscheidung durch den Geist. Nur der Mensch ist nicht rettungslos dem dumpfen Naturgesetz verfallen, er kann in einem gewissen Rahmen die Formen der Gesellschaftsordnung bestimmen. Gerade von dieser eingeborenen Freiheit des Menschen wollte der Nationalsozialismus nichts wissen, ebensowenig wie von der echten Bindung durch den Geist, ohne die die Freiheit zur Zügellosigkeit ausartet.

Auf welche Abwege die Medizin geraten kann, wenn sie sich durch den Biologismus leiten läßt, wie es die Vertreter der Euthanasie taten, zeigt Viktor v. Weizsäcker in seiner Schrift über Euthanasie und Menschenversuche. Er sagt darin: „Wenn der Arzt einen Wert des diesseitigen, zeitlichen Lebens annimmt, ohne Rücksicht auf einen ewigen Wert, dann kann in der Tat dieses zeitliche Leben an sich so unwert sein, daß es Vernichtung verdient. Die Bewertung des rein biologischen Lebens hat also zur unmittelbaren Folge die mögliche Entwertung im biologischen Sinne und wird so zur geistigen Voraussetzung der Vernichtung dieses biologischen Unwerts.“ [10]

Solange das biologistische Denken, das für die Euthanasie in der Form, wie sie in Deutschland betrieben wurde, verantwortlich ist, noch in der Medizin vorherrscht, wird die Idee der Euthanasie noch heimlich fortleben. In den heutigen Notzeiten vertreten erschreckend viele jüngere Ärzte und Rechtsanwälte unter vier Augen die Euthanasie, wenn sie unter Aufsicht des Staates und unter anderen Bedingungen als im Dritten Reich durchgeführt würde; und sie bedauern nur, daß diese Lösung der psychiatrischen Probleme im Augenblick nicht erwogen werden kann. Auch das Volk ist in konfessionell nicht gebundenen Kreisen nach wie vor vielfach für eine „Erlösung“ der Geisteskranken von ihrem lebensunwerten Leben. Die nationalsozialistische Propaganda hat diese Denkungsweise dem Bewußtsein tief eingeprägt, und das heutige öffentliche Leben bietet keine Gegenbeweise gegen die Vertreter des Rechtes des Stärkeren. Es wird eine Arbeit von Generationen sein, diese Auffassung des Geisteskranken und Kranken überhaupt durch eine andre zu ersetzen, eine Aufgabe, die nur durch eine neue Sicht des Menschen zu lösen ist.

HITLER UND DIE EUTHANASIE

Hitler, Mein Kampf. 11. Kapitel. Volk und Rasse:

> „Alle großen Kulturen der Vergangenheit gingen zu Grunde, weil die ursprünglich schöpferische Rasse an Blutvergiftung abstarb." „Die Erhaltung ist aber gebunden an das eherne Gesetz der Notwendigkeit und des Rechtes des Sieges des Besten und Stärkeren. Wer leben will, der kämpfe also, und wer nicht streiten will in dieser Welt des ewigen Ringens, verdient das Leben nicht."

Besonders eindrucksvoll geht Hitlers Stellung zu biologischen Problemen und seine „biologische Weltanschauung" aus den Gesprächen hervor, die er bis zum Jahre 1934 mit Hermann Rauschning, dem damaligen Senatspräsidenten von Danzig geführt hat.[11] Im Kapitel über Richard Wagner deutet Hitler die Gralsgeschichte als Rassenmythos; Parsifal sei der Hüter des reinen Blutes, Amfortas siecht am kranken Blut.

> „Wir alle leiden an dem Siechtum des gemischten verdorbenen Blutes. Wie können wir uns reinigen und sühnen? Merken Sie, daß das Mitleid, durch das man wissend wird, nur dem innerlich Verdorbenen, Zwiespältigen gilt. Und daß dieses Mitleid nur eine Handlung kennt, den Kranken sterben zu lassen." „Nicht die historisch gewordenen Völker sind der Ordnungsbegriff der Zukunft, sondern der von ihm überdeckte Rassebegriff." Seine Neuordnung ist auf biologische Werte aufgebaut: „Unsere Revolution ist der endgültige Schritt zur Überwindung des Historizismus und zur Anerkennung rein biologischer Werte."

Die seltsame, halb religiöse Färbung des Begriffes Biologie bei Hitler selbst und dem Nationalsozialismus macht erst das Geschehene verständlich. Bei seiner Gespaltenheit in Sentimentalität und Vernichtungswillen mußten ihm die biologistischen Tendenzen des späten neunzehnten Jahrhunderts innerlich verwandt sein.

„Wer den Nationalsozialismus nur als politische Bewegung versteht, weiß fast nichts über ihn. Er ist mehr noch als Religion, er ist der Wille zur neuen Menschenschöpfung.“ „Die Politik ist heute ohne biologische Begründung und ohne biologische Ziele völlig blind.“

Gegen die Wissenschaft empfand er das Ressentiment des Gescheiterten. Es war ihm in seiner Jugend nicht gelungen, in die Akademie der Künste aufgenommen zu werden, dies erklärt wohl teilweise seinen Haß gegen jede akademische Bildung.[12] Von der Wissenschaft sagt er, sie sei ein soziales Phänomen, begrenzt durch den Nutzen oder Schaden, den sie für die Allgemeinheit stifte. Die Unterordnung der Sittlichkeit, der Politik und der Wissenschaft unter eine von pseudoreligiösem Pathos getragene Auffassung von „Leben“ und „Rasse“ ist der Punkt, von dem alle äußeren Auflösungsprozesse ihren Ausgang nahmen. Das entscheidende Dokument, das die Euthanasie-Aktion einleitete, ist — so betrachtet — ein Beispiel dafür, wie zugleich auch die Grundlagen des Rechtes von diesen Kräften der Auflösung angegriffen werden:

Siegel | Berlin, den 1. Sept. 1939

Adolf Hitler

Reichsleiter Bouhler und Dr. med. Brandt sind unter Verantwortung beauftragt, die Befugnisse namentlich zu bestimmender Ärzte so zu erweitern, daß nach menschlichem Ermessen unheilbar Kranken bei kritischster Beurteilung ihres Krankheitszustandes der Gnadentod gewährt werden kann.

gez. Adolf Hitler.

Bei dem vorstehenden Erlaß ist schon die Form befremdlich. Er ist auf dem privaten Briefpapier Hitlers geschrieben, mit dem Hoheitsadler in Gold an der linken oberen Ecke. Hitler hat also den Tod von vielen Tausend Kranken als seine Privatangelegenheit betrachtet, nicht als Entscheidung des Staatsoberhauptes. Dazu paßt auch, daß er die Durchführung der „Kanzlei des Führers“ überließ, dem Amt, das sonst die an ihn persönlich gerichteten Eingaben bearbeitete. In diesem Amt wurden alle Beschwerden, besonders die über Inhaftierungen durch die Gestapo sorgfältig geprüft. Das Amt war gleichsam das Gewissen Hitlers, der es sich leisten konnte, einige Fälle aus den Konzentrationslagern zu entlassen, wenn von andrer Seite Hunderte ungeprüft verschwanden. Über die unbestimmte Form des Erlasses äußert sich Minister Lammers in seinem Verhör vor dem amerikanischen Militärgericht in Nürnberg während des Ärzteprozesses, Protokoll Seite 2698:

> Frage: Hat Adolf Hitler mehrfach derartige staatsrechtlich bedeutungsvolle Erklärungen auf solchen Formularen abgegeben?
>
> Antwort: Vereinzelt.
>
> Frage: Welchen staatsrechtlichen Charakter legen Sie dieser Erklärung Adolf Hitlers bei? [13]
>
> Antwort: Dazu kann ich nur sagen, daß sie in der äußeren Form nicht der Form entspricht, die für Erlasse auf staatlichem Gebiet üblich waren."

Diese gleichsam private Natur des Erlasses, die Entscheidung als „Vater des Volkes" über das Sein oder besser Nichtsein seiner Kinder, sollte auch auf jeden Fall beibehalten werden. Über das sonst übliche Zustandekommen eines Gesetzes sagte ebenfalls Minister Lammers aus, Protokoll 2703:

> „Frage: Wollen Sie bitte ausführen, welche Bedingungen zu erfüllen waren, bis ein gültiges Gesetz verkündet werden konnte?
>
> Antwort: Wenn ein Gesetz zustande kommen sollte, so mußte die Vorlage bei sämtlichen Mitgliedern der Reichsregierung, bei allen Reichsministern verteilt werden mit einer bestimmten Frist. Wenn in dieser Zeit kein Widerspruch erfolgte, galt das als Zustimmung."

Und zur Frage nach Wesen und Bedeutung eines „Führererlasses" (Prot. S. 2707):

> „Der Führererlaß hatte sich eingebürgert in den 12 Jahren und war übernommen aus der Zeit Hindenburgs. Es war keine neue Einrichtung und dieser Führererlaß unterlag natürlich nicht dem formellen Weg, sondern beim Führererlaß wurden nur diejenigen Minister angehört, die daran beteiligt waren. Sie wurden nur an-

gehört, ihre Zustimmung war nicht nötig. Denn der Führer bestimmte allein. Und wenn der Führer einen Führererlaß wünschte, oder wenn ein Minister einen Führererlaß wünschte, dann habe ich den Entwurf den beteiligten Ministern zur Kenntnis übermittelt mit der Bitte, sich dazu zu äußern. Dem Führer genügte es, wenn die Minister angehört waren. Ob sie Widersprüche hatten, oder ob sie zustimmten, war an sich gleichgültig, weil der Führer allein entschied."

Es gab offenbar zuweilen Fälle, in denen Hitler kein Gesetz wünschte; er griff dann zu dem „Führererlaß", der es ermöglichte, daß seine private Auffassung zu einem Gesetz wurde, das für das deutsche Volk verbindlich war und gegen das jeder Einwand vergeblich gewesen wäre. Im Falle der Euthanasie nun wollte Hitler, wie mehrfach bezeugt ist, ein Gesetz vermeiden.

Es wäre damals wahrscheinlich möglich gewesen, ein Gesetz zur Tötung Geisteskranker einzuführen und die Volksmeinung in diesem Sinne zu beeinflussen. Die verheerende Auswirkung eines solchen Gesetzes auf die Seele des einfachen Volksgenossen, der die Staatsautorität anerkannte, wenn sie auch mordete, ist nicht abzusehen.

Wenn auch der „Führererlaß" formal-staatsrechtlich einem Gesetz gleichzustellen sein mag, ist es keine Frage, daß von einer höheren Wertordnung aus ein Verstoß gegen solches Gesetz Pflicht ist; leider wurde dieser Gesichtspunkt in Deutschland nur von wenigen erörtert und ist auch heute noch unbeliebt.

Dr. Lammers, der selber einen Gesetzentwurf ausgearbeitet hatte, sagte darüber (Prot. S. 2690):

> „Der Führer hat damals meinen Gesetzentwurf durchgelesen, er hat ihn nicht ausdrücklich abgelehnt, erklärte aber, daß ihm aus politischen Gründen ein Gesetz unerwünscht sei."

Ähnlich lauten auch die Aussagen des Oberdienstleiters Viktor Brack. Was ihn aber nicht gehindert hat, Ärzten von dem schon unterzeichneten Geheimgesetz zu erzählen, um seinen Maßnahmen mehr Autorität zu verleihen. Ja, Hitler wünschte bei dem Erlaß über die Euthanasie nicht einmal, daß die Minister verständigt würden, wie sonst bei Führererlassen. Nach einer Aktennotiz auf einer Photokopie des ursprünglichen Erlasses ist er dem Reichsjustizminister Dr. Gürtner erst im Sommer 1940 vorgelegt worden! Interessant ist es dabei, daß Dr. Gürtner seine Einwendung gegen die Tötung der Geisteskranken zurückzog, als ihm der „Führererlaß" vorgelegt wurde. Dem Rechtsempfinden der meisten Deutschen genügte offenbar der Wille des Führers, um Einwände zu beschwichtigen. Doch sind zahlreiche Versuche unternommen worden, Hitler von der Euthanasie abzubringen, die aber alle scheiterten, da er diese seine Lieblingsidee nicht aufgeben wollte. Nach zuverlässigen Angaben hat sogar Göring vergeblich versucht, die Euthanasie-Aktion zu verhindern.

Auf zweierlei ist noch hinzuweisen: Nach Aussagen des im Erlaß namentlich genannten Angeklagten Karl Brandt ist der Erlaß erst nach Beendigung des Polenfeldzuges abgefaßt worden, wenn auch der Plan schon lange bei Hitler bestand. Der Erlaß trägt aber das Datum des 1. September, des Tages des Kriegsausbruches. Es ist sehr wahrscheinlich, daß Hitler dieses Datum, das den Beginn der äußeren Neuordnung Deutschlands anzeigen sollte, auch als Datum für den Beginn der inneren Reinigung von minderwertigen Elementen gewählt hat. Hitler hat anscheinend seiner Umgebung gegenüber nie einen triftigen Grund dafür angegeben, und die Erklärungen Karl Brandts darüber sind ganz allgemein gehalten. — Der zweite Punkt betrifft den Personenkreis, der durch den Erlaß betroffen wurde: der Erlaß spricht, wie auch der amerikanische Ankläger feststellte, von „unheilbar Kranken," nicht Geisteskranken. Eine Ausdehnung des Kreises der von dem Erlaß Betroffenen war also jederzeit möglich, und wurde von Eingeweihten (Heyde) angenommen.

Bemerkenswert ist in diesem Zusammenhang auch noch die Tatsache, daß die offizielle Einstellung der Euthanasie-Aktion im Jahre 1941 auch vollkommen formlos durch eine mündliche Anweisung Hitlers erfolgte. Es gibt keinen schriftlichen Beleg für ihr Ende, nur zahlreiche Aussagen, daß zwar die Vergasungen aufhörten, die „Euthanasie" in einzelnen Anstalten aber mit anderen Mitteln weiterbetrieben wurde und nur für den Augenblick unterbrochen worden war.

Lammers schildert die erste Verhandlung, die er mit Hitler wegen der Euthanasie gehabt hat und Hitlers Begründung, die, entgegen den Aussagen Karl Brandts, nicht aus Mitleid mit den Kranken geboren war, sondern Zweckmäßigkeitsgründen entsprang. (Prot. S. 2687):

„Ich habe zum erstenmal davon im Jahre 1939 gehört, im Herbst, es mag Ende September oder Anfang Oktober gewesen sein, und der Staatssekretär Dr. Conti, der Chef des zivilen Gesundheitswesens im Reichsministerium des Innern, wurde zum Führer zu einem Vortrag befohlen. Zu diesem Vortrag wurde ich hinzugezogen. Bei dieser Gelegenheit erörterte der Führer, und zwar in meiner Gegenwart, zum erstenmal das Problem der Euthanasie. Er führte aus, daß er es für richtig halte, daß das lebensunwerte Leben schwer Geisteskranker beseitigt werde durch Eingriffe, die den Tod herbeiführten. Er nannte, wie ich mich entsinnen kann, als Beispiele die schweren Geisteskrankheiten, bei denen Geisteskranke nur auf Sand oder Sägespäne gebettet werden konnten, weil sie sich dauernd selbst verunreinigten, Fälle, in denen Kranke ihre eigenen Exkremente in den Mund führen und als Nahrung zu sich nehmen und ähnliches. Und er führte im Anschluß daran aus, daß es wohl doch das Richtige sei, dieses lebensunwerte Leben solcher Kreaturen zu beenden. Er führte auch aus, daß damit eine gewisse Ersparnis an Krankenhäusern, Ärzten und Pflegepersonal herbeigeführt werden würde.“

Daß aber Hitlers Plan zur Durchführung der Euthanasie weiter in die Vergangenheit zurückreicht, geht aus einer Stelle in der Vernehmung Karl Brandts im Nürnberger Prozeß (Prot. S. 2413 ff.) hervor, in der die Frage nach der Bedeutung der Rückdatierung des Erlasses — einigermaßen unergiebig — erörtert wird:

„Ich muß annehmen, daß der Führer der Meinung war, daß ein solches Problem im Krieg zunächst glatter und leichter durchzuführen ist, daß offenbare Widerstände, die von kirchlicher Seite zu erwarten waren, in dem allgemeinen Kriegsgeschehen nicht diese Rolle spielen würden wie sonst.

Frage: Es ist also eine lange Vorgeschichte, die dieses Euthanasie-Verfahren hat?

Antwort: Als solches geht es sicher auf die erste Zeit 1933 und davor zurück. Vielleicht ist es noch von Bedeutung darauf hinzuweisen, daß der Erlaß tatsächlich zurückdatiert ist. Die Unterzeichnung und die Formulierung überhaupt ist erst erfolgt im Oktober, während das Datum der 1. September 1939 ist.

Frage: Spricht diese Zurückdatierung bezüglich des Kriegsbeginns dafür —?

Antwort: — daß Hitler tatsächlich geglaubt hat, daß im Kriege am leichtesten diese Einführung möglich ist. Er soll auch 1935 dem früheren Reichsärzteführer Wagner gegenüber geäußert haben, daß, wenn ein Krieg sein sollte, er diese Euthanasiefragen aufgreifen und durchführen wolle."

In der ersten Zeit hatte Brandt dann vielfache Besprechungen mit Hitler wegen der Euthanasie, wobei die von Hitler geforderte Geheimhaltung im Vordergrund stand.

„Es war dieses Erfassen der Kranken mit dem Fragebogen zunächst nicht so schwierig und strittig und vielbesprochen, wie die damit im Zusammenhang stehende Geheimhaltung der Euthanasie selbst, die vom Führer erwartet worden war. Er war der Meinung, daß diese geplante Euthanasie sich durchführen lasse, ohne daß die Öffentlichkeit wesentlich davon Kenntnis erhielt, oder ohne daß die Öffentlichkeit an sich wesentlich dadurch belastet oder gar gestört würde. Herr Bouhler und auch ich haben mehrmals darauf hingewiesen, daß das unwahrscheinlich ist, und daß es vielleicht richtiger wäre, diese im entsprechenden Rahmen des Euthanasie-Problems, wie es aufgegriffen worden war, bekanntzugeben. Es wurde das aber grundsätzlich abgelehnt. Es wurde von Hitler behauptet, daß dann der Verwaltungsapparat in der Durchführung nicht ordentlich arbeite, doch müsse das möglich sein."

Auch Hitlers Technik, seine Wünsche verwirklichen zu lassen, ohne direkt befohlen zu haben, geht aus der Vernehmung Brandts hervor (Prot. S. 2452). Es handelt sich an dieser Stelle der Vernehmung um die Frage der Verantwortung für die Durchführung der Euthanasie in den Konzentrationslagern, die „Aktion 14 f 13".

„Frage: Hat er sich im Sinne einer Ausmerzung Ihnen gegenüber ausgesprochen?

Antwort: Nein, das hat er nicht getan.

Frage: Glauben Sie, daß er gewußt hat, was in diesem Rahmen vor sich ging?

Antwort: Ich bin der Meinung, daß er in irgend einer Form darüber Bescheid gewußt hat. Es ist zu fragen, ob er diese Verordnung von sich aus in dieser Form gegeben hat oder ob er sie andeutungsweise gab, daß Himmler sie in dieser Form ausführte. Ich glaube nicht, daß Himmler sie ohne Wissen Hitlers ausführte. Das Verhältnis von Himmler zu Hitler kann ähnlich gewesen sein wie das von Martin Bormann zu Hitler. Da war es sicher so, daß, wenn Hitler gesprächsweise irgend eine Äußerung machte, diese von Martin Bormann als Befehl des Führers weitergegeben wurde. . . . es gehörte zu den Eigenschaften Hitlers, Ereignisse und Pläne und Vorhaben unter Umständen so geheim zu halten, daß tatsächlich nur zwei Menschen davon erfuhren."

Eine eidesstattliche Erklärung des ehemaligen Oberpräsidenten der Provinz Hessen-Nassau, Prinz Philipp von Hessen, beleuchtet schließlich noch die Stellung Hitlers zu Bedenken, die gegen die Euthanasie vorgebracht wurden:

„Meine Amtszeit fiel auf die Durchführung des sogenannten Euthanasie-Programms. Ich hatte gegen dieses Programm, das meiner Ansicht nach nichts mit einem wirklichen Gnadentod zu tun hatte, schärfste Bedenken als Mensch und hoher Beamter. Sobald ich zum erstenmal Kenntnis von diesem Programm erhielt — es war ungefähr im Jahre 1940 —, habe ich sofort bei Adolf Hitler und Reichsleiter Bouhler aufs schärfste dagegen in Berlin protestiert. Trotz meines schärfsten Protestes wurde mir erwidert, ich müßte auch in dieser Frage die nötige Härte aufbringen können und Verständnis haben im Hinblick auf die allgemeine Ernährungswirtschaft, die es nicht gestatte, unheilbare Kranke durch den Krieg durchzuschleppen."

In seinen Aussagen im Hadamar-Prozeß am 6. März 1947 schildert dann Prinz Philipp von Hessen Hitlers Reaktion bei seinen Vorhaltungen:

„Hitler versuchte, die Sache zu bagatellisieren. Er sagte nicht: ich habe es veranlaßt, sondern: es muß sein. Er war ziemlich aufgebracht über die Freiheit, daß man ihm das sagte. Man merkte ihm an, daß er sich erst fassen mußte, dann war er ziemlich scharf."

Als Prinz Philipp von Hessen daraufhin sein Amt als Oberpräsident niederlegen wollte, erinnerte ihn Hitler an seine soldatische Pflicht, die jeder dort erfüllen müsse, wo er hingestellt sei.

Hitlers Vorstellungen von der Natur der geistigen Erkrankungen müssen von sehr allgemeiner und laienhafter Art gewesen sein. Sie scheinen nicht wesentlich über jenes mit Bevorzugung des Grauenhaften und Perversen entworfene Bild der auf Sägespänen liegenden, ihre eigenen Exkremente verschlingenden Menschentrümmer hinausgegangen zu sein, das er in der Besprechung mit Dr. Lammers und Dr. Conti entworfen hat. Bezeichnenderweise kehrt diese Schilderung auch in den Zeugenaussagen von Brandt und Brack wieder. Ja, noch in einer Versammlung von Direktoren der hessischen Anstalten bei dem Landeshauptmann Traupel in Kassel, bediente sich dieser den Psychiatern gegenüber zur Begründung der bevorstehenden „Verlegungen" dieses Bildes. Wirkliche psychiatrische Probleme tauchen in diesen Schilderungen niemals auf. Auch Viktor Bracks Darlegungen über seine eigene Einstellung zu den Geisteskranken bleiben vage und zeigen die gleiche klischeehafte Vorstellungswelt (Prot. S. 7744):

„Es ist möglich, daß ein Geisteskranker unter Umständen noch einen Rest von Lebensgefühl in sich haben kann. Den hat aber jedes andre Wesen auch, die Frage ist nur, ob es sich bei den unheilbaren Geisteskranken um ein lebensunwürdiges oder lebenswertes Leben handelt. Der unheilbare Geisteskranke, so wie ich ihn selbst gesehen und beobachtet habe, ist, vom Standpunkt des geistig gesunden Menschen aus gesehen, eine schwer leidende und rettungslos verlorene Kreatur und er stellt einen kümmerlichen Rest eines ehemaligen Menschen dar. Das Leben des Geisteskranken hat für diesen selbst und seine Umgebung und für seine Angehörigen jeden Zweck verloren und bedeutet nur noch Qual und Leid.'

Brack scheint sich — wohl auf Anregung der beratenden Psychiater der Euthanasie-Aktion — mit den Auffassungen Bindings und Hoches beschäftigt zu haben, die ein „Brechen des Lebenswillens des Kranken“ verurteilen. Es ist anzunehmen, daß auch in diesem Punkt seine Ansichten die Auffassung Hitlers wiedergeben (Prot. S. 7748):

„Wenn man sich diese Kranken ansah, konnte man sehen, daß da kein Wille mehr vorhanden war. Aber man mußte sich vor Augen führen, daß diese Kranken auch einmal gesund gewesen waren und damals einen eigenen Willen gehabt hatten. Und diesen ihren ehemaligen Willen muß man zugrunde legen bei der Entscheidung, ob man glaubt, nun hier den Euthanasie-Gedanken bejahen zu dürfen oder nicht. Kein gesunder Mensch wird, wenn er diese Kreaturen sieht, den Wunsch hegen, selbst einmal ein solches Gegenbild des Menschen zu werden. Und das, was wir von uns selbst annehmen, glaube ich, kann man von dem jetzt Kranken, ehemals Gesunden, in dessen gesunden Tagen als gleichen Wunsch annehmen. Man kann also bei diesem Kranken ohne weiteres voraussetzen, daß, wenn er in der Lage wäre, diesen Zustand zu erkennen, er selbst die Abkürzung dieses Zustandes erbitten würde. Daraus zog ich die Verpflichtung, diesen Menschen behilflich zu sein, aus ihrem unwürdigen und sie quälenden Zustand erlöst zu werden.“

Die Stellung der Partei zur Euthanasie-Aktion verdient in diesem Zusammenhang noch eine kurze Beleuchtung.

Bormann, der Führer der Parteikanzlei, soll Bouhler gegenüber geäußert haben, daß die Euthanasie selbstverständlich nicht auf die unheilbar Geisteskranken beschränkt bliebe (Prot. S. 7659). Damit charakterisierte er sicher die Haltung der höheren Parteistellen. Aufschlußreiche Äußerungen von Parteistellen über die Euthanasie finden sich in den Akten der Gauleitung Franken, die die Räumung der Anstalt Ottilienheim in Absberg schildern und die Haltung der Bevölkerung kennzeichnen. Als es beim Abtransport der Kranken zu Demonstrationen von Teilen der katholischen Bevölkerung gekommen war, berichtete der Kreisleiter an die Gauleitung, die den Bericht an die Parteikanzlei weiterleitete. Martin Bormann klärte dann den Kreisleiter über die Tätigkeit der Ärztekommission auf und verschanzte sich hinter deren Autorität (Brief vom 24. 9. 1940 in Dokument NO D 906):

„Daß sich die Vertreter der christlichen Weltanschauung gegen die Maßnahmen der Kommission aussprechen, ist selbstverständlich; ebenso selbstverständlich muß es sein, daß alle Parteidienststellen die Arbeit der Kommission, soweit notwendig, unterstützen."

Gauamtsleiter Sellmer, Franken, gibt diese Anweisung in einem Geheimschreiben an die Kreisleiter vom 6. 12. 1940 weiter, mit dem Befehl, das Schreiben zu vernichten (Dokument NO 660):

„Ich glaube, daß wir die Tat, die für den einzelnen betroffenen Menschen außerordentlich schwerwiegend ist, als Nationalsozialisten begrüßen können. Ich bitte Sie deshalb, auch gegenüber allen Gerüchten und Mekkereien mit dem nötigen Nachdruck unter Hinweis auf unsere Anschauung über die Dinge aufzutreten."

Im selben Brief schildert Sellmer den Kreisleitern die Tätigkeit dieser geheimnisvollen „Ärztekommission". Dieses Wort ist nach den erhaltenen Akten an vielen Stellen verwendet worden, um Bedenken zu zerstreuen. Der Glaube des Volkes an die ärztliche Autorität und Integrität ist gerade bei der Euthanasie auf das gröbste mißbraucht worden, wie auch der Begriff der „wissenschaftlichen Gesichtspunkte", nach der die Kommission arbeite, und die immer ausdrücklich erwähnt werden. Die Zusammensetzung der „Kommission" blieb durch die Tarnnamen ihrer Teilnehmer völlig im Dunkel, auch wenn sie eine Anstalt besichtigt, wie die Anstalt Ansbach, wo sie mehrere Tage arbeitet.

Auf das Rundschreiben des Stabsleiters Sellmer antwortet der Kreisleiter Gerstner von Weißenburg an die Gauleitung in Nürnberg (Dokument NO 665):

„Es erscheint mir aber doch notwendig, die verantwortlichen Stellen darauf hinzuweisen, bei der Wegschaffung dieser Leute, die einmal im Zuge der Reichsverteidigung beseitigt werden sollen, etwas mehr Fingerspitzengefühl walten zu lassen, weil es ja nicht notwendig ist, unnötige Schwierigkeiten auszulösen und unsern Gegnern Wasser auf die Mühle zu liefern."

Dieser Brief spricht für sich selber und erläutert wohl deutlich die Stellung der Parteifunktionäre zum „Gnadentod“.

Der einzelne Parteigenosse geriet oft in einen Gewissenskonflikt, wenn er die Auswüchse des Regimes an irgend einer Stelle unwiderlegbar erfuhr. Die Hilflosigkeit eines Menschen, der im unbedingten Glauben an Hitler lebte, spricht besonders stark aus dem Brief von Frau von L., einer überzeugten Parteigenossin und Frauenschaftsführerin, die sich mit der Bitte um Hilfe an die Frau des obersten Parteirichters, Walter Buch, wandte. So müssen viele Parteigenossen den Versuch gemacht haben, ihre individuelle Verantwortung für die Dinge, die in ihrer Umgebung vorgingen, auf einen Führer zu übertragen und ihre eigene Aufgabe nur in der Unterrichtung dieses Führers gesehen haben, der keinen Fehl haben konnte.

Das Dokument findet sich im vollständigen Wortlaut in der Zeitschrift „Die Wandlung“.[14] Hier folgen nur kurze Auszüge (Dokument NO 001). Frau von L. schreibt:

> „Das Furchtbare und Gefährliche ist ja nicht so sehr die Tatsache an sich; wenn ein Gesetz geschaffen wäre in der Art des Sterilisationsgesetzes, das eine bestimmte Kategorie von Kranken unter schärfster fachmännischer Prüfung festgesetzt hätte, Kranke, die wirklich keinen Funken des Erkennens und menschlichen Fühlens mehr in sich tragen, dann bin ich überzeugt, daß nach anfänglicher Aufregung die Gemüter sich beruhigt und die Menschen sich damit abgefunden hätten, vielleicht leichter, als mit dem Sterilisationsgesetz. Man hätte vielleicht in einigen Jahren nicht mehr begriffen, warum man dieses wohltätige Gesetz nicht schon längst eingeführt habe. Aber so, wie die Sache sich jetzt abspielt, sind die Wirkungen in jeder Hinsicht unabsehbar. Man kann darüber verschiedener Meinung sein, inwieweit Menschen sich das Recht anmaßen dürfen, über Tod und Leben ihrer Mitmenschen zu entscheiden; eins steht doch wohl fest: dieses Recht muß gesetzlich streng festgelegt und mit höchster Gewissenhaftigkeit ausgeübt werden, wenn nicht den gefährlichsten Leidenschaften Tür und Tor geöffnet werden soll. Das Furchtbare im gegenwärtigen Fall ist das

öffentliche Geheimnis, das ein Gefühl entsetzlicher Unsicherheit erzeugt.

Jetzt klammern sich die Menschen noch an die Hoffnung, daß der Führer um diese Dinge nichts weiß, nichts wissen könne, sonst würde er dagegen einschreiten; auf keinen Fall wisse er, in welcher Weise und in welchem Umfang sie geschehen. Es ist ja immer wieder ergreifend, gerade bei einfachen Menschen diesem Vertrauen, diesem selbstverständlichen ,der Führer weiß davon nichts' zu begegnen, und diese Waffe müssen wir blank erhalten, wie keine andre.

Die Sache muß vor das Ohr des Führers kommen, ehe es zu spät ist, und es muß doch einen Weg geben, auf dem die Stimme des Volkes das Ohr seines Führers erreicht."

Parteirichter Buch gab das Schreiben an Himmler weiter. In dem Begleitbrief spricht er vom Schaden für die Bewegung, den diese Vorgänge anrichteten, die „die gute Seele aus dem Häuschen geraten" ließen. Der Anfang des Briefes vergleicht die Schreiberin dabei mit einer germanischen Göttin und betont gefühlvoll, wie sie sich in ihrer Not, in der sie sich nicht auskennt, an ihn und durch ihn an den Reichsführer SS wendet. Der Kern des Briefes enthält neben der sentimentalen Redewendung vom ewigen Leben unseres Volkes die bezeichnende nüchterne Feststellung, daß etwas „nicht geklappt" hat:

„Es gibt gewisse Dinge, die ein Mann verkraftet, an die man eine Frau nie hinkommen lassen darf. Also, wenn heute Dinge von uns angepackt werden müssen, weil wir das ewige Leben unseres Volkes erringen wollen, Dinge, vor denen Frauen schaudern müssen, dann müssen sie so angepackt werden, daß sie wirklich verborgen bleiben." (Dokument NO 002).

Man erlebt gerade in dieser eindrucksvollen Dokumentenreihe mit aller Deutlichkeit, wie innerhalb der Partei die Stimme der persönlichen geistigen Verantwortung, wenn sie sich einmal erhebt, durch eine servile, halbgebildete und geistig mittelmäßige Führungsschicht, die zwischen Sentimentalität und Gefühlsrohheit hin und her schwankt, erdrückt wird. Und man sieht, wie an der Spitze, insbesondere im Bereich Himmlers und der SS-Führung ein kalter Zynismus hinzutritt, der menschliche Schicksale und Gefühle nur noch als Posten in der abstrakten Machtrechnung kennt und in nüchterner Erfolgsabwägung und „Sachlichkeit" als Mittel gebraucht. Die seelische Struktur der Parteiführerschaft zeigt so gerade in ihrer Stellungnahme zur Euthanasie ein treues Spiegelbild der Persönlichkeit des „Führers" selbst.

DIE VORBEREITUNG DER EUTHANASIE

Die Durchführung der „Euthanasie" ist im Dritten Reich keineswegs von der Machtergreifung an systematisch geplant oder vorbereitet worden. Hitler selbst hat sie 1935 im Anschluß an eine Rede des Gauärzteführers Gerhard Wagner auf dem „Parteitag der Freiheit" im engeren Kreise erwähnt und gesagt, er werde sie im Kriegsfalle anwenden. Die Rede Gerhard Wagners behandelte nur die Rassenhygiene und Rassenpolitik, die mit den damals eingeführten „Nürnberger Gesetzen" den Weg der Vernichtung erst zaghaft beschritt. Noch war keine Rede von der Ausrottung der Juden; ihr „verderblicher Einfluß" sollte nur unterbunden werden, genau wie die Geisteskranken nicht getötet, sondern durch die Sterilisationsgesetze von der Fortpflanzung ausgeschlossen werden sollten. Gerhard Wagner sagte in seiner Rede in Nürnberg, daß die ehrlichen Kreise des Auslandes nur noch e i n Gebiet der deutschen Aufbauarbeit mit Mißtrauen und Unverständnis betrachteten: das der Bevölkerungs- und Rassenpolitik. Und auch im Inland fürchteten die Rassenhygieniker die Zustimmung des Volkes zu diesem Kernstück der nationalsozialistischen Weltanschauung nicht zu erhalten; darum die ausführlichen Notizen über rassenhygienische Maßnahmen oder Pläne anderer Länder, deren sonstige Bestrebungen im übrigen verächtlich gemacht wurden.

Hitler selbst ergriff das Wort zur Rassenhygiene auf dem Reichsparteitag 1937 und nannte sein rassenpolitisches Ziel:

> „Die größte Revolution hat aber Deutschland erlebt durch die in diesem Lande zum ersten Male planmäßig in Angriff genommene Volks- und Rassenhygiene. D e n n s i e s c h a f f e n d e n n e u e n M e n s c h e n."

Wenn man der Vorgeschichte der Euthanasie unter dem Nationalsozialismus nachgehen will, darf man nicht glauben, daß offen besprochen wurde, was „Euthanasie" bedeute. Der Begriff taucht nur selten im Schrifttum dieser Jahre auf. 1936 bringt das nationalsozialistische „Archiv für Rassen- und Gesellschaftsbiologie" die kurze Notiz, daß Dr. Killrich Millard in England eine Gesellschaft zur Einführung der freiwilligen Euthanasie begründet habe. So hoben oft Auslandsnotizen in Zeitschriften Tatsachen hervor, die verborgene, vielleicht nicht einmal voll bewußte Bestrebungen des Nationalsozialismus beleuchteten.

1933 wurde das Gesetz zur Verhütung erbkranken Nachwuchses veröffentlicht und damit eine Besprechung rassenpolitischer Gesichtspunkte in der gesamten Presse, in Schulen und Hochschulen begonnen. Bei der ganzen Propaganda für die Sterilisation wird nirgends die Tötung Geisteskranker erwähnt; nur der Schaden, den die Geisteskranken dem Volksganzen verursachen und die notwendige Aufartung des deutschen Volkes durch die Rassenhygiene und Rassenpolitik wird dargestellt. Die Gefahr des „Volkstodes", den der Nationalsozialismus im letzten Augenblick verhindert habe, wird für den Einzelnen und die Gemeinschaft als so drohend geschildert, daß die Wirkung nicht ausbleiben konnte: die neue Gesetzgebung schien dem gutgläubigen Deutschen der einzige Weg zur Rettung vor der drohenden Vernichtung seines eigenen Lebens und vor der Katastrophe des ganzen Volkes. Und da es um Leben und Tod des deutschen Menschen ging, war ja der geforderte Verzicht einer kleinen Gruppe Minderwertiger auf die Fortpflanzung eine belanglose Kleinigkeit. Doch zwischen den Zeilen des offiziellen rassenhygienischen Schrifttums kann man den Vernichtungswillen lesen, der sich mehr oder minder unbewußt ausdrückt. Je weiter die Aufklärung in die Laienkreise drang und je weniger belastet von naturwissenschaftlicher Schulung diese Kreise waren, desto deutlicher traten die Vernichtungstendenzen zu Tage. Aber nicht ein ungebildeter Laie hat das Wort von der Million Minderwertiger geprägt, die ausgemerzt werden müssen, sondern ein in Fachkreisen bekannter Rassenhygieniker, Prof. Dr. H. W. Kranz, dessen Aussprüche nun als „Wissenschaft" in die fernsten Winkel Deutschlands drangen und dort Schaden stiften konnten. Kranz ist einer der wenigen Universitätsprofessoren für Rassenkunde, bei denen der Vernichtungswille so deutlich wird. Aber auch andere gemäßigte Forscher haben dem fanatischen und kritiklosen SA- und SS-Mann die Argumente für die Rechtfertigung seines Tuns geliefert. Der Rassenhygieniker, der nicht mit Einzelnen rechnet, sondern mit Völkern, die wachsen und vergehen, neigt ja schon unter anderen Bedingungen als denen des Nationalsozialismus dazu, den Einzelnen zu mißachten, wenn er minderwertiges Erbgut überträgt; er ist überhaupt geneigt, die Erbanlage des Menschen als alleinbestimmend für sein Schicksal anzusehen. Noch bedeutend größer aber war diese Versuchung für den deutschen Rassenhygieniker, der die nationalsozialistische Ideologie in sich aufgenommen hat. Er war sich wahrscheinlich, wie auch andere deutsche Wissenschaftler, der weittragenden, politischen Folgen seiner Lehren nicht bewußt. Durch die Diskrepanz zwischen den öffentlichen Äußerungen eines namhaften Rassenhygienikers und seiner persönlichen Auffassung konnte es möglich sein, daß er rassisch Verfolgte schützte, zugleich aber Kongreßreden hielt, die den Rassenmythos in billigster Weise verherrlichten.

Auch heute muß wieder betont werden, daß die Sterilisation ein schwerer Eingriff in das Recht und die Freiheit des Einzelnen darstellt, dessen Auswirkungen auf den Staat und die Gemeinschaft unbekannt sind. Zudem sind die erbbiologischen und sozialpolitischen Grundlagen des Verfahrens zumindest umstritten. Es wäre ein verhängnisvoller Irrtum zu glauben, daß eine großzügige Sterilisation das Problem der Geisteskrankheiten lösen könnte; wir sollten uns dabei vor Augen halten, daß der nächste Schritt, der zur Euthanasie, nicht sehr groß ist.

Beim Lesen der Zeitschriften der ersten Jahre des Nationalsozialismus entsteht der Eindruck, daß die Rassenhygieniker nach der Verkündung des Gesetzes zur Verhütung erbkranken Nachwuchses eine beinahe wohlwollende Haltung zum Erbkranken einnahmen. Für ihn war ja durch das Gesetz gesorgt. Er sollte sich gleichsam selber ausmerzen, wobei anscheinend vorausgesetzt wurde, daß „Erbkrankheiten" nicht spontan auftreten könnten. Die Zeit, die bis zu dieser völligen Selbstausmerzung vergehen müßte, wurde verschieden berechnet, und es gab bald einzelne Stimmen, die die Selbstausmerze für zu langsam hielten. — Außer durch Presse und Unterricht wurde auch durch den Film Propaganda für die Sterilisation Geisteskranker gemacht. In sensationeller Weise wurden Bilder von mißbildeten Schwachsinnigen und verblödeten Geisteskranken aneinandergereiht, für die jede Handreichung gemacht werden mußte. Diese Aufklärungsfilme der Reichspropagandaleitung hatten Titel wie: „Opfer der Vergangenheit", „Die Sünde wider Blut und Rasse". Die Filme waren insofern unsachlich als sie nur Schwerstkranke zeigten und die übrigen Abteilungen der Irrenanstalten übergingen. So wußte das Volk nichts davon, daß viele Anstalten einträgliche Wirtschaftsbetriebe unterhielten und daß die Beschäftigungstherapie in den letzten Jahren so große Fortschritte gemacht hatte, daß modern geleitete große Anstalten meist Überschüsse aus den Arbeitsleistungen der Insassen erzielten. Ein Film hat besonders geschmackvoll die Arbeiterwohnungen den sogenannten „Palästen" der Geisteskranken gegenübergestellt. Zur Aufklärung des Volkes veranstaltete das Hauptamt für Volksgesundheit der NSDAP auch große Ausstellungen, für die keine Kosten gescheut wurden: 1937 in Hamburg „Ewiges Volk" und in Dresden „Volk und Rasse". Außer den bestehenden Zeitschriften wie dem Organ der NSV „NS-Volksdienst" und dem der Gesundheitsführung „Ziel und Weg" wurden Zeitschriften zur Verbreitung des Rassegedankens gegründet: „Sonne", Monatsschrift für Rasse, Glaube und Volkstum, und „Rasse", Monatsschrift für den nordischen Gedanken. Auch in den „Schulungsbriefen" wird der Rassegedanke in den Vordergrund gestellt. Dort sprechen nicht mehr Tatsachen und Zahlen, wie noch im „Archiv für Rassenbiologie", sondern es herrschen die hohlen Phrasen von der Überlegenheit des nordischen Blutes und des deutschen Menschen, die dem unsicheren Deutschen das Gefühl des Auserwähltseins geben sollten. Wie verheerend mußte es auf den einfachen Mann und auf den Halbgebildeten wirken, wenn er erfuhr, daß der Medizinalstatistiker Prinzing 10% der Bevölkerung für nicht vollwertig erklärte, — berechtigte das ihn, den Vollwertigen, nicht dazu, sich den Anderen überlegen zu fühlen oder sie als Verderber der Rasse zu hassen?

Auch die Folgen eines Krieges als negatives Ausleseverfahren, das für die „Erbtüchtigsten" besonders hohe Verluste bringt, wurden mehrfach besprochen. Prof. A. Ploetz, Herausgeber der Zeitschrift „Archiv für Rassen- und Gesellschaftsbiologie", der Altmeister der nationalistischen Rassenhygiene, hielt am 1. 9. 1935 einen Vortrag über „Rassenhygiene und Krieg" auf dem Internationalen Kongreß für Rassenhygiene in Berlin. Er stellte das Sterilisierungsgesetz als Gegengewicht gegen die negative rassische Auslese des Krieges dar und schloß:

> „Direkt rassenhygienisch müßten wir uns bestreben, die kontraslektorische Wirkung eines Krieges durch Erhöhung der Ausmerzungsquote wettzumachen."

Rassenhygiene und Kriege seien nach seiner Meinung unversöhnbare Gegensätze. Hitler kannte anscheinend auch diese Auffassung der Rassenhygieniker und zog daraus die Folgerung, daß im Kriegsfalle radikalere Methoden zur Beseitigung der Geisteskranken angewendet werden müßten, um diese negative Auslese auszugleichen.

Je unsicherer die ethische und wissenschaftliche Grundlage einer Maßnahme war, desto schärfer pflegte sie vom Nationalsozialismus gefordert zu werden, und mit desto stärkeren Propagandamitteln wurde sie dem Volke eingehämmert. Auf besonders unsicherem Boden steht die Einordnung der Psychopathen unter die Erbkranken und damit die Forderung nach Ausschaltung ihres minderwertigen Erbgutes. Die „Psychopathen-Sippen", die, wie schon erwähnt, besonders Prof. H. W. Kranz (Gießen aufstellte, sollten ein Beweis sein, daß Psychopathie erblich sei und daraus leitete er seine Forderung nach der Ausmerzung von einer Million Psychopathen ab.[16] — Prof. W. Schultze, Staatskommissar für das Gesundheitswesen des Bayerischen Innenministeriums und später einer der Haupttreiber der Euthanasie, hielt bei der Eröffnung der zweiten Staatsmedizinischen Akademie 1933 in München eine Rede, die wohl die offizielle Meinung wiedergibt. Die Bedeutung der Rassenfragen sei überragend, die Fürsorge für die Schwächlichen müsse jetzt aufhören; an deren Stelle trete die Gesundheitsführung der rassisch Intakten und Erbtüchtigen. Er setzte in dieser Rede die Psychopathen den Schwachsinnigen gleich und forderte den Schutz der Rasse vor diesen Minderwertigen, für die die Sterilisation allein nicht ausreiche. Neben der positiven Auslese sei die Ausmerze nötig geworden. Leichte Geisteskranke und rückfällige Kriminelle müßten abgesondert werden, zum Beispiel in Arbeitshäusern.

„Diese Politik hat ihren Anfang teilweise schon in unseren heutigen Konzentrationslagern gefunden.“ [16]

Während also im nationalsozialistischen Schrifttum die Tötung Geisteskranker nicht besprochen wird, sondern nur im allgemeinen eine „Ausmerze“ größten Ausmaßes gefordert wird, waren rassenhygienisch und fürsorgerisch interessierte Kreise der evangelischen Kirche sich klar, wohin das Gesetz zur Verhütung erbkranken Nachwuchses logisch führen müsse. Das Thema wurde zum Beispiel in der von Geheimrat Prof. Dr. Abderhalden, dem bekannten Physiologen, in Halle herausgegebenen Zeitschrift „Ethik“ in den Jahrgängen 1933—1936 ziemlich offen diskutiert. Es findet sich kein Wort der Ablehnung des Gesetzes zur Verhütung erbkranken Nachwuchses; im Gegenteil werden die Maßnahmen erläutert und die günstige Wirkung des Gesetzes auf die Bevölkerungspolitik dargelegt. Doch warnen mehrere Mitarbeiter von Anfang an ausdrücklich vor der „Euthanasie“, der Tötung Geisteskranker und Schwachsinniger, als weiterem Schritt in der Entwicklung. Sie weisen darauf hin, daß sogar Prof. Fritz Lenz in seinem Buche „Menschliche Auslese und Rassenhygiene“, München 1923, der Euthanasie nur eine geringe Bedeutung für die Rassenhygiene zugesprochen habe.

E. Meltzer, der 1925 eine scharfe Erwiderung auf das Buch von Binding und Hoche „Die Vernichtung lebensunwerten Lebens“ geschrieben hatte, erwähnt in einem Artikel über die Euthanasie bei Schwachsinnigen und Geisteskranken im 10. Band der „Ethik“ (1933) das Buch von Ernst Mann: „Erlösung der Menschheit vom Elend“, Weimar 1922, in dem eine periodische Untersuchung aller Menschen und Ausrottung der Untauglichen gefordert wird. Er glaubt aber, daß die nationalsozialistische Regierung fest auf dem Boden der Ethik bleiben werde und niemals solche oder ähnliche Maßnahmen zulassen würde. Die Euthanasie sei nicht nur vom christlichen Standpunkt aus abzulehnen; auch das Vertrauen zu den Ärzten würde völlig aufhören, wenn Tötungen von Kranken zugelassen würden. Er betonte auch die segensreiche Wirkung, die von dem Beispiel aufopfernder Pflege in den Anstalten ausginge und wies auf die menschlichen Werte hin, die eine solche Anstalt pflege. Wenn man sich vor Augen hält, wie schnell die Pfleger in den Euthanasie-Anstalten verrohten und wie schwer es den älteren Schwestern wurde, auch in privaten Anstalten jüngere Pflegerinnen in der alten Tradition der liebevollen Betreuung auszubilden, als einmal bekannt wurde, daß Geisteskranke als „Ballastexistenzen" getötet wurden, dann muß man Meltzers Warnungen vor den allgemeinen Folgen der Entwicklung, die mit dem Gesetz zur Verhütung erbkranken Nachwuchses anfing, Recht geben. Fr. W. Schmidt spricht im 11. Jahrgang der „Ethik" offen in einem Artikel „Zur Frage der Euthanasie" von der „unheimlichen Gefahr des Abgleitens, wenn erst einmal der Weg der Vernichtung von Leben beschritten worden ist". Dieser Artikel war zugleich auch eine Erwiderung auf einen Artikel von Dr. Eugen Rose „Zur Frage der Euthanasie" im gleichen Jahrgang derselben Zeitschrift, in dem die Euthanasie bei schwer Leidenden gerade vom Standpunkt des christlichen Mitleids aus bejaht, allerdings bei Verblödeten, die nicht unter ihrem Zustand litten, abgelehnt wurde. Franz Walter, Professor der Moraltheologie an der Universität München, griff auch im gleichen Jahrgang die Frage der Euthanasie vom Standpunkt des Theologen aus auf.

Die freimütige Besprechung der Probleme enthielt so viel unausgesprochene Kritik und Besorgnis vor der zukünftigen Entwicklung, daß Dr. W. Schneider, der Leiter des Rassenpolitischen Amtes des Gaues Halle-Wittenberg, sich verpflichtet fühlte, auf die wahren Ziele der nationalsozialistischen Rassenpolitik hinzuweisen. Er betont in der Einleitung seines Artikels in der gleichen Zeitschrift, daß er befähigt sei, sich über die Frage zu äußern, da er einen umfassenden Überblick über die gesamte in- und ausländische Literatur der Rassenpolitik habe. Er fährt dann fort:

> „Es hat niemals in Deutschland ein maßgebender Rassenhygieniker oder maßgebender Nationalsozialist, auch nicht in der nationalsozialistischen Regierung von heute, den Gedanken der Euthanasie, das heißt der Tötung erblich Minderwertiger, erwogen."

Die Tendenz der Zeitschrift „Ethik", die sich lebhaft an der Auseinandersetzung mit den „Deutschen Christen" unter Hauer beteiligte, war so abseits des Zeitgeschehens, daß ihre nationalsozialistischen Leser anscheinend abgebröckelt sind. Andererseits war sie nicht oppositionell oder bedeutend genug, um den Widerstand der evangelischen Kreise um sich zu sammeln; in den meisten Fragen stimmte sie mit der Partei überein, — so wie die Partei von solchen Kreisen gesehen wurde. 1936 ging sie nach mehreren Appellen der Schriftleitung an säumige Abonnenten aus Geldmangel zugrunde, ein an sich schon interessantes Beispiel aus der Publizistik zur Zeit des Nationalsozialismus.

Der Katholizismus war durchgehend ablehnend gegen die rassenpolitischen Maßnahmen des Nationalsozialismus. Der Rassenhygieniker Pater Hermann Muckermann war zwar bis 1933 Mitarbeiter am Kaiser-Wilhelm-Institut für Vererbungswissenschaft unter Prof. Fischer; er wird kaum vorausgesehen haben, daß die Arbeit seines wissenschaftlichen Institutes dazu beitragen könnte, einen großangelegten Massenmord vorzubereiten. Pater Muckermann ist aufs schärfste gegen das Sterilisationsgesetz aufgetreten. Im katholischen Schrifttum nach 1933 findet sich kein Hinweis auf die Sterilisationsgesetze, weil eine öffentliche Erörterung des Problems unmöglich war. Die Kirche ist niemals von ihrer Haltung abgewichen, daß die Sterilisierung ein Attentat auf unveräußerliche Rechte, auf Freiheit und Würde des Menschen sei. In der päpstlichen Enzyklika „Casti connubii' vom 31. Dezember 1930 (Herder Nr. 68—71) ist die Haltung der Kirche eindeutig festgelegt. Eine im Beuroner Kunstverlag gedruckte, illegal verbreitete, anonyme Schrift, „Sterilisierung und Seelsorge", unterrichtet Priester und Ärzte auch über die Zugeständnisse, die die Kirche bei der Reichsregierung erwirkte, als das Gesetz zur Verhütung erbkranken Nachwuchses in Kraft getreten war. Eines der wichtigsten war, daß nur Ärzte, die innerlich auf dem Boden des Gesetzes standen, dazu gezwungen werden konnten, den Eingriff bei einem Patienten vorzunehmen.

Für die Ausführung der Maßnahmen, denen durch die Propaganda wirksam vorgearbeitet war, stand als vollendetes Instrument die Reichsgesundheitsführung zur Verfügung. Wilhelm Frick, der als Reichsinnenminister auch die Aufsicht über das Gesundheitswesen hatte, baute sofort nach der Machtübernahme die nationalsozialistische Bürokratie auf. In seinem Ressort gab es keinen Dilettantismus wie in den anderen Ministerien; folgerichtig entwickelte sich ein Amt aus dem andern. Frick selber war Berufsbeamter; er war 1877 geboren und trat nach juristischem Studium 1901 in die Verwaltungslaufbahn ein. Zur Zeit der Räterepublik war er bei der Polizei in München und ermöglichte 1923 den Putsch Hitlers. Er wurde im Zusammenhang damit zu 1¼ Jahr Gefängnis verurteilt, aber mit Bewährungsfrist freigelassen; ab 1924 war er Reichstagsabgeordneter. 1930 wurde er Thüringischer Kultus- und Innenminister und ging so rücksichtslos gegen die anderen Parteien vor, daß er nach einem Jahr gehen mußte. Er hatte aber in diesem Jahr seine Fähigkeiten gezeigt und wurde von Hitler bei der Machtergreifung 1933 zum Reichsinnenminister ernannt. Frick hatte sich schon immer für Rassenpolitik interessiert und veröffentlichte 1933 ein Buch über Bevölkerungs- und Rassenpolitik. 1934 brachte er das Gesetz über die Vereinheitlichung des Gesundheitswesens heraus, das eine planmäßige Erb- und Rassenpflege ermöglichte. Die Gesundheitsämter arbeiteten seitdem nach einheitlichen, vom Reich gegebenen Richtlinien. Im ganzen Reich bestanden auch Beratungsstellen für Erb- und Rassenpflege; die leitenden Ärzte dieser Beratungsstellen wurden alljährlich durch Schulungskurse auf Burg Vogelsang für ihre Arbeit vorbereitet; der Kurs hatte jeweils 550 Teilnehmer. Der ehemalige „Reichsausschuß für hygienische Volksbildung" wurde zum „Reichsausschuß für Volksgesundheit" und widmete sich den zwei rassenpolitischen Aufgabengebieten der Wissenschaft und Propaganda. Durch den Reichsausschuß für Volksgesundheit wurde das Unterrichtsmaterial für Schulen, Parteidienststellen und staatliche Ämter bereitgestellt. Die Tendenz aller Einrichtungen war, das Volk darüber aufzuklären, daß die Lasten für Minderwertige untragbar seien und die Lebenshaltung des vollwertigen Volkes beeinträchtigten. Der verschwommene Begriff der Minderwertigen schloß Schwachsinnige, Geisteskranke, Krüppel, Asoziale und Kranke ein und hatte den Vorteil, daß er beliebig angewandt werden konnte, da er keinen absoluten Maßstab darstellte.

Fricks Arbeitsleistung ist gewaltig gewesen; es gab kaum ein Gebiet, auf dem er nicht im ersten Jahr des Nationalsozialismus Gesetzentwürfe ausarbeitete; ohne ihn als Verwaltungsfachmann hätte sich der Nationalsozialismus nie zutrauen können, die komplizierten Geschäfte der Regierung zu übernehmen. Um die Gesundheitsführung des deutschen Volkes zu beherrschen und vertrauenswürdige Mitarbeiter auf allen wichtigen Posten zu haben, richtete er die Staatsmedizinische Akademie in Berlin-Charlottenburg ein, an der die späteren Amtsärzte, Schulärzte und sonstigen Medizinalbeamten im neuen Geiste ausgebildet wurden. 1934 wurde die zweite Staatsmedizinische Akademie in München auf Betreiben von Prof. W. Schultze, Staatskommissar für das Gesundheitswesen in Bayern, eröffnet. In Württemberg unterstand das Gesundheitswesen auch einem alten Parteigenossen, Prof. E. Stähle, der später in der Euthanasie eine wichtige Rolle spielte. Alle diese Einrichtungen dienten dazu, der Ärzteschaft die ihr nicht vertrauten Gesichtspunkte der Rassenpolitik näherzubringen, und tatsächlich hat sich die Ärzteschaft dem Gesetz zur Verhütung erbkranken Nachwuchses gegenüber nicht ablehnend verhalten. Neben den dem Innenministerium unterstellten Gesundheitsämtern hatte jeder Gau sein Rassenpolitisches Amt, das eine Einrichtung der NSDAP war. Die Leiter dieser Ämter waren oft Dozenten für Rassenhygiene an der Universität des Gaues. Rassenhygiene war ein medizinisches Hauptfach geworden, das im Staatsexamen streng geprüft wurde. Durch den Biologieunterricht auf den höheren Schulen waren die Studenten schon weitgehend in das Fach eingeführt, so daß die Universitäten nur weiterbilden mußten. Es war unmöglich, in diesem Fach eine andre Meinung zu hören als die vom Nationalsozialismus vertretene; insbesondere wurden die wissenschaftlichen Ergebnisse der Forschung des Auslandes ignoriert. Die Lehre bestand aus einer Glorifizierung der arischen und germanischen Herrenrasse; aus Betonung der Sorge um den Bestand diese so kostbaren Blutes und aus einem naiven Optimismus, daß die Sterilisation alle Gefahren beseitigen, ja daß sie sogar das spontane Auftreten von Geisteskrankheiten verhindern könne.

Frick berief im Mai 1933 einen Sachverständigenbeirat für Bevölkerungs- und Rassenpolitik, der zunächst die Sterilisationsgesetze ausarbeitete und in den folgenden Jahren mehrfach zusammentrat. Zu ihm gehörten außer den führenden Rasseforschern Beamte wie Ministerialrat Dr. Linden, die später bei der Euthanasie führende Stellungen einnahmen. Im Juli 1933 war bereits das Gesetz zur Verhütung erbkranken Nachwuchses fertig. Die Handhabung war je nach örtlichen Verhältnissen verschieden; bei der Kürze der Anwendung läßt sich nicht entscheiden, wie es sich ausgewirkt hat und welche günstigen oder nachteiligen Folgen sich bemerkbar machten.

Während des Krieges ruhte die Arbeit der Erbgesundheitsgerichte und die Vergasungskammern der Euthanasieanstalten traten an ihre Stelle. Es läßt sich aber nicht nachweisen, daß diese Entwicklung vorgesehen oder von den Rassehygienikern vorbereitet worden war. Wenn Pläne ähnlicher Art bestanden haben sollten, sind sie bisher nicht aufgefunden worden. Erst im Sommer 1939, als die Kriegspläne festlagen, fand die erste Tagung einiger Psychiater statt, die zur Mitarbeit an einer geplanten „Euthanasie" aufgefordert wurden. Es spricht also alles dafür, daß die Euthanasie von Hitler selbst als Kriegsmaßnahme befohlen war und dank der jahrelangen rassenpolitischen Schulung der jüngeren beamteten Ärzteschaft und der parteipolitisch gebundenen Psychiater nicht auf Widerstand stieß. Außerdem war in der Gesundheitsführung ein bürokratischer Apparat geschaffen worden, der die Durchführung einer solchen Aufgabe gewährleistete, auch wenn sie anfänglich den führenden Stellen und den Gesundheitsämtern befremdlich erschienen sein mag. Es ist anzunehmen, daß infolge dieser Vorarbeit auch ohne die Geheimhaltung der größte Teil des Euthanasie-Programms sich hätte durchführen lassen, ja, daß gerade die Geheimhaltung dem Volke zeigte, daß die Staatsführung selber nicht den Mut hatte, sich zu ihren Maßnahmen zu bekennen.

Im Laienpublikum hatte die Propaganda in Presse und Film, besonders dem bekannten Film „Ich klage an", der 1942 auf Veranlassung Viktor Bracks, des Leiters der Euthanasie-Organisation hergestellt war, nachhaltigen Erfolg. Gerade dieser Film, der die Problematik der „Euthanasie" ganz verkehrt darstellt, — es handelt sich um das international diskutierte Problem, ob ein hoffnungslos erkrankter, schwer leidender Mensch auf eigenen Wunsch durch den Arzt getötet werden darf, keineswegs um die Tötung eines Geisteskranken, der ohne die Freiheit kritischer Überlegungen leidet — wird noch heute vom Laienpublikum als Argument für die Euthanasie angeführt. In den Gerichtsakten finden sich zwei erschütternde Fälle, bei denen die Tötung geisteskranker Jugendlicher von den Eltern selbst verlangt wurde, ein deutlicher Erfolg der Propaganda. In einem Falle handelt es sich um den minderjährigen Psychopathen Erwin Polz in der Anstalt Eichberg; sein Zustand kann nicht schwer gewesen sein, denn die Ärzte zögerten mit der Tötung, als schon die Tötungsermächtigung aus Berlin eingetroffen war und töteten ihn erst auf nochmalige Anfrage der Eltern bei der vorgesetzten Behörde. — Im zweiten Fall handelte es sich um einen jugendlichen Schwachsinnigen Heinz Frank, der nach Bericht von Dr. Götz, Direktor der Heil- und Pflegeanstalt Schussenried, getötet werden sollte:

> „Dieser schwachsinnige Kranke sollte auf Veranlassung seines Vaters durch Euthanasie beseitigt werden und ist zu diesem Zwecke aus der Heilanstalt Winnental am 7. 3. 1944 in die hiesige Anstalt verlegt worden. Da ich dieses Ansinnen, das im Auftrag des Vaters durch das Innenministerium an mich gestellt wurde, rundweg ablehnte, wurde dieser Kranke am 3. 5. 1944 in die Heilanstalt Eichberg/Rheingau verlegt. Der Kranke mußte dem dortigen Direktor, der vom Ministerium eingeweiht und einverstanden war, persönlich übergeben werden. Der Vater wandte sich unter dem 15. 5. 1944 beschwerdeführend an Prof. Stähle und fragte bei ihm an, warum dessen Anordnungen — nämlich die Euthanasie betreffend — noch nicht durchgeführt worden seien und ob noch irgendwelche Hindernisse im Wege stehen.“ [17]

An diesem praktischen Beispiel sieht man die Verrohung, die die nationalsozialistische Propaganda im Volke auslöste, wo sie auf empfängliche Menschen traf. Dabei ist es möglich, daß beide Eltern für ihre anderen Kinder sorgten und den besten Ruf in ihren Kreisen hatten. Aus solchen Beispielen lassen sich die grauenhaften Folgen eines nationalsozialistischen Sieges, der ein öffentlich verkündetes Gesetz über die Tötung Geisteskranker und vielleicht auch anderer Leidender mit sich gebracht hätte, leicht ablesen. Weite Kreise hätten, wie diese Eltern, im Glauben an die Zulässigkeit oder sogar Notwendigkeit ihres Tuns sich an der Tötung von Angehörigen beteiligt, abgesehen davon, daß auch der Gewinnsucht und den kriminellen Instinkten Tür und Tor offen gewesen wäre.

Es darf uns nicht wundern, wenn wir in der heutigen Notzeit überall auf Überreste der nationalsozialistischen Propaganda treffen, die besonders im Falle der Tötung Unheilbarer im Volke noch weiter wirkt. Es ist jetzt unsere Aufgabe, mit allen uns zur Verfügung stehenden Argumenten und großer Geduld der Propaganda entgegenzutreten. Dabei wird das beste Argument immer das lebendige Beispiel einer aufopfernden Krankenpflege sein, die jedem Notleidenden zugute kommen kann.

Von 1933 ab war möglichst wenig Geld auf die Geisteskranken und anderen „Minderwertigen" verwendet worden, so daß sich die Zustände in den Heil- und Pflegeanstalten rasch verschlechterten. Prof. Kleist, Ordinarius für Psychiatrie an der Universität Frankfurt, der vor 1933 eine jährliche Inspektion der hessischen Anstalten vorgenommen hatte, wurde von 1933 ab nicht mehr dazu aufgefordert, bis er 1938 selber darauf bestand. Er besichtigte die Anstalten Eichberg am 5. 3. 1938 und Herborn am 24. 3. 1938. Sein Bericht über die Anstalten an den Provinzialfürsorgeverband war vernichtend; es seien zu wenig Ärzte und zu wenig Pflegepersonal vorhanden, um die Kranken zu betreuen; nur die Verwaltung sei ausreichend besetzt. Landesrat Bernotat, der Anstaltsdezernent der hessischen Anstalten, veranlaßte daraufhin Prof. Carl Schneider aus Heidelberg, die Anstalt Eichberg zu besichtigen und zu berichten. Wie zu erwarten war, fand Prof. Schneider nichts an der Anstalt auszusetzen.

Die Abschlußworte von Prof. Kleists Bericht über Herborn zeigen die Situation der deutschen Anstalten auf das deutlichste:

> „Es erscheint uns notwendig, auf ein bei Nicht-Ärzten mögliches Mißverständnis der neuen erbgesundheitlichen Bestrebungen hinzuweisen, das die Begriffe Geisteskrankheit, Erbkrankheit, Unheilbarkeit und ‚unnütze Last für die Volksgemeinschaft' gleichsetzt und daraus das Recht ableitet, jede Art der Aufwendung für Geisteskranke auf das Äußerste herabzusetzen. . . . Schlechte Behandlung, ungenügende Pflege und Ernährung läßt manchen Heilbaren und Besserungsfähigen zugrunde gehen." (Frankfurter Prozeßakten).

DER REICHSAUSSCHUSS FÜR ERB- UND ANLAGEBEDINGTE SCHWERE LEIDEN

Hitler erfuhr durch seine Adjutantur mehrfach von Gesuchen von Eltern, ihre mißgestalteten und schwachsinnigen Kinder einschläfern zu lassen. Er muß sich sehr für die Fälle interessiert haben, denn er schickte im Sommer 1939 seinen Begleitarzt Karl Brandt nach dessen Aussage eigens nach Leipzig, um sich Bericht über solch ein Kind geben zu lassen, das blind, mit einem mißbildeten Arm und nur einem Bein zur Welt gekommen und allem Anschein nach idiotisch war (Protokoll S. 2410). Hitler ließ in diesem Falle den Ärzten sagen, daß sie in seinem Auftrag die „Euthanasie" übernehmen sollten. Brandt weist ausdrücklich darauf hin, daß Hitler nicht wünschte, daß sich die Eltern für den Tod des Kindes verantwortlich fühlen sollten. Gerade bei der Euthanasie sieht man immer wieder, wie Hitler die Rolle des Herren über Leben und Tod ohne zu zögern übernimmt und wie das deutsche Volk in manchen irregeleiteten Vertretern ihm diese „Vaterrolle", die Verantwortung für das persönliche Leben, bereitwillig übertrug.

Um diese Gesuche an einer Stelle bearbeiten zu lassen, berief der Reichsärzteführer Dr. Conti ein Gremium unter dem Namen „Reichsausschuß zur Erfassung von erb- und anlagebedingten schweren Leiden" ein, das feststellen sollte, wie eine grundsätzliche Lösung dieser Gesuche, deren Zahl wir nicht kennen, herbeigeführt werden könnte. Am 18. 8. 1939 bestimmte ein Geheimerlaß IV b 3088/39-1079 Mi die Meldung und Erfassung von Mißgeburten bei Geburt durch Hebammen und Kliniken. Der Text des Geheimerlasses liegt nicht vor. Auf ihn bezieht sich aber der im Ministerialblatt des Reichs- und Preußischen Ministers des Innern, 1940, S. 1437 publizierte Erlaß vom 1. 7. 1940 — IV b 2140/40-1079 Mi:

> „Der Reichsausschuß zur wissenschaftlichen Erfassung erb- und anlagebedingter schwerer Leiden hat zur Behandlung der nach dem Ministerial-Erlaß vom 18. 8. 1939 — IV b 3088/39-1079 Mi (nicht veröffentlicht) von den Ärzten und Hebammen zu meldenden mißgestalteten usw. Kinder nunmehr in der Landesanstalt Görden bei Brandenburg a. H. eine jugendpsychiatrische

Fachabteilung eingerichtet, die unter fachärztlicher Leitung sämtliche therapeutischen Möglichkeiten, die auf Grund letzter wissenschaftlicher Erkenntnis vorliegen, wahrnimmt. Es ist beabsichtigt, außer dieser Abteilung noch weitere Anstalten und Fachabteilungen einzurichten. Der Reichsausschuß wird in der Folgezeit an die Amtsärzte, in deren Bezirk das jeweils zur Einweisung in Frage kommende Kind wohnt, herantreten und ihnen mitteilen, in welcher Anstalt das Kind Aufnahme finden kann. Sache der Amtsärzte ist es, die Eltern des in Rede stehenden Kindes von der sich in der näher bezeichneten Anstalt bzw. Abteilung bietenden Behandlungsmöglichkeit in Kenntnis zu setzen und sie gleichzeitig zu einer beschleunigten Einweisung des Kindes zu veranlassen. Den Eltern wird hierbei zu eröffnen sein, daß durch die Behandlung bei einzelnen Erkrankungen eine Möglichkeit bestehen kann, auch in Fällen, die bisher als hoffnungslos gelten mußten, gewisse Heilerfolge zu erzielen."

So wurde im Namen der Wissenschaft das Vertrauen der nationalsozialistischen Eltern, die ein schwachsinniges oder mißgestaltetes Kind hatten, mißbraucht. Zwar durfte kein Kind ohne Einwilligung der Eltern in eine Anstalt des Reichsausschusses gebracht werden, aber den Eltern wurde der Zweck der Reichsausschuß-Stationen nicht erklärt, sondern ihnen wurde von den Fortschritten der Wissenschaft vorgeredet, die ihrem Kinde zugute kommen würden. Durch diese „verschleierte Form", wie sich Brack ausdrückt (Protokoll S. 7823), war es nicht schwer, die Einwilligung der Eltern zur Behandlung zu bekommen. Brack erzählt ferner (Protokoll S. 7858):

„Derjenige Arzt, der die Mißgestaltung und Lebensunfähigkeit des Kindes festgestellt hat, hat mit den Eltern gesprochen und sie davon unterrichtet, daß ein Kind bei Einweisung in eine Reichsausschuß-Station, wenn überhaupt eine Möglichkeit bestehe, geheilt wird. Er hat aber weiterhin darauf hingewiesen, daß die Heilverfahren gerade bei einer so schweren Mißgestaltung immer mit einer außergewöhnlichen Gefahr verbunden sind und die Eltern nun gefragt, ob sie trotz dieser größeren Gefährdung als bei normalen Heilverfahren, die in vielen Fällen eben auch den Tod des

Kindes zur Folge haben kann, einverstanden sind. Und wenn die Eltern ihr Einverständnis erklärt haben, mit einer, ich möchte sagen, riskanteren Behandlung und Heilmethode, bei der nur wenige Prozent Aussicht auf Heilung waren, dann ist durch diesen Arzt die Einweisung in eine Reichsausschuß-Station erfolgt."

Brack behauptet weiter, daß auf diesen Reichsausschuß-Stationen „jede irgendwie erdenkliche Möglichkeit über den Rahmen einer normalen ärztlichen Betreuung angewandt wurde, um ein solches Kind lebensfähig zu erhalten, wie schwerste, oft lebensgefährliche Operationen". Er berichtet allerdings nicht, von wem er diese Auskünfte bekam und welche Ärzte die Operationen ausführen sollten. Soviel bisher über Leiter von Reichsausschuß-Stationen bekannt ist, hat keiner der dort beschäftigten Psychiater eine Ausbildung in Chirurgie, geschweige denn in Neurochirurgie gehabt, wäre also auch handwerklich nicht fähig gewesen, geheimnisvolle und umwälzende neue Operationen zu entdecken.

Im ganzen sind wohl die Tötungen des Reichsausschusses zielbewußter, geordneter und „wissenschaftlicher" vor sich gegangen als die „Euthanasie" Erwachsener. Das ist vielleicht darauf zurückzuführen, daß die öffentliche Meinung und wohl auch die beteiligten Ärzte ein weniger belastetes Gewissen hatten, schwer mißbildete Idioten zu töten als Geisteskranke, die ehemals gesunde Menschen waren. Die Tötung solcher Kinder stößt auch auf viel weniger Widerstand von seiten der Angehörigen als die Beseitigung erwachsener Geisteskranker, die schon ein Leben, wenn auch oft ein kurzes, hinter sich haben und durch vielerlei Bande mit Familie und Umgebung zusammenhängen, die sich nicht gewaltsam lösen lassen [18]. Interessant ist in diesem Zusammenhang das Gutachten eines namhaften Juristen, das dem Amerikanischen Militärgericht vorgelegt wurde [19], welches besagt, daß die Tötung von Mißgeburten im Mittelalter straffrei war, da solche Wesen keine Seele hätten, somit auch nicht Menschen seien. Das Volksempfinden scheint weitgehend auf dieser mittelalterlichen Stufe stehengeblieben zu sein, während der Standpunkt der Kirchen sich vollständig gewandelt hat, und gerade die kirchlich geleiteten Idiotenanstalten (Pastor von Bodelschwingh) haben sich der Euthanasie aufs energischste widersetzt.

Über die Art und Weise, wie die Kinder getötet wurden, sagte Dr. Pfannmüller, ehemaliger Leiter der Anstalt Haar-Eglfing und Gutachter im Euthanasie-Programm, als Zeuge aus (Protokoll S. 7482 ff.):

„Die Art des Gnadentodes war dem Arzt selber überlassen — offenbar; denn der Arzt, der von Berlin heruntergekommen ist, hat wohl Richtlinien gehabt und hat dann die Behandlung da durchgeführt im Sinne der Einschläferung. In meiner Anstalt wurde Luminal verwendet. Ein Kind mit einem schweren Wasserkopf und einer mangelhaften Lebensfähigkeit kann mit einer Dosis Luminal schon einschlafen, die die Maximaldosis gar nicht erreicht, bei einem Kind mit besserer Herztätigkeit ist mehr Luminal notwendig, und wenn man es fortlaufend gibt, genügt die Höchstdosis, um das Kind nicht mehr aufwachen zu lassen. Das Kind schläft dann in einigen Tagen absolut ruhig ein und es stirbt nicht an einer Vergiftung, das möchte ich noch einmal sagen, ich habe das schon einmal zurückgewiesen. Es stirbt lediglich an dem Eintreten einer Stauung in den Lungen, also Kreislauf- und Lungenstörungen, daran stirbt es.“

Dr. Pfannmüller benützte am häufigsten das Wort „Behandlung“ für seine Tätigkeit (Protokoll S. 7485):

„Auf Grund der Meldebogen kam ein Ermächtigungsbogen an die Anstalt, daß das Kind im Rahmen der Richtlinien des Reichsausschusses behandelt werden kann. Das Kind wurde daraufhin entsprechend behandelt. Der Behandlungstermin wurde angesetzt, das heißt, im Laufe einer bestimmten Zeit konnte die Behandlung durchgeführt werden und ich bekam dann Nachricht, wann die Behandlung nun eingeleitet wird, und die Angehörigen wurden vor der Einleitung der Behandlung unterrichtet; nicht über die Behandlung, sondern daß sie das Kind besuchen sollten. Ich habe den Angehörigen gesagt, daß es zweckmäßig ist, das Kind zu besuchen, weil das Kind krank ist, und die Angehörigen kamen dann auch. Die Einleitung der Behandlung, — das Kind wacht ja in den ersten Tagen immer noch wieder auf, bevor die kumulierende Wirkung des Luminals beim Kinde eintritt.

Frage des Anklägers: Haben Sie die Eltern davon in Kenntnis gesetzt, daß Sie dem Kind Luminal geben würden?

Antwort: Nein, das war ja Geheime Reichssache. Das durfte ich ja nicht."

Ein Brief Dr. Menneckes, des ehemaligen Leiters der Anstalt Eichberg, wo sich eine Reichsausschuß-Station befand, an seine Frau vom 14. 1. 1942 beschreibt eine Sitzung in der Reichskanzlei, wo die Einrichtung einer neuen Reichsausschuß-Station besprochen wurde (Dokument NO 907). Der Doppelsinn des Begriffes „Jugendpsychiatrie" ist hier, dem Schreiber völlig unbewußt, besonders klar:

„Zur Erörterung steht die Frage ‚Förderung der Jugendpsychiatrie'; auf diesem Gebiete sind Schneider und Heintze als führende Wissenschaftler im Reiche anzusehen. Ich sitze, mit Straub, als Mann der Praxis daneben. Straub ist Landesrat und Anstaltsdezernent der Provinz Schleswig-Holstein in Kiel, Oberstabsarzt der Wehrmacht und Träger des goldnen Parteiabzeichens. Er will seine Tätigkeit in Kiel aufgeben und wieder eine Anstalt leiten und zwar in Südwestdeutschland. Eichberg? Oh nein, da kommt kein andrer dran als Dein oller Pa. Ich soll mit meiner Kinderfachabteilung, die noch weiter ausgebaut werden soll, in engstem Einvernehmen mit Schneider, Heintze und Straub zusammenwirken und die ‚Ausmerze' dieser neuen ‚Jugend-psychiatrischen Klinik' wird den Schluß ihrer Behandlung bei mir finden. Da haben wir bereits das Zukunftsprojekt, was ich immer von der Kinder-Fachabteilung erwartet habe. Neben sehr wohltuenden Schmeicheleien über den tadellosen Aufbau meiner Kinderfachabteilung als der besten neben der von Heintze sprach Dr. Hefelmann noch manche erfreulichen Zeichen der Anerkennung für mich aus."

Reichsausschuß-Stationen bestanden zunächst in Brandenburg-Goerden und in Steinhof in Wien. Später kamen Eglfing, Kalmenhof (Idstein) und Eichberg hinzu. Die Leiter der beiden ersten Anstalten, Dr. Heintze [20] und sein früherer Oberarzt Dr. Ernst Illing, waren Ärzte von wissenschaftlichem und politischem Ehrgeiz und ungeheuerer Betriebsamkeit auf rassenpolitischem Gebiet, doch ohne wirkliche psychiatrische Befähigung. Besonderen Eifer zeigte auch Dr. Pfannmüller in seiner im Sommer 1940 auf seinen eigenen Vorschlag eingerichteten Eglfinger Station[21]. Er erwarb sich offenbar das besondere Vertrauen der Berliner Stellen. So wandte sich der Beamte des Reichsausschusses v. Hegener, als er im Januar 1941 „den Arbeitsbereich ausdehnen wollte" (Brief vom 23. 1. 41) an ihn, mit der Bitte um Namen von politisch zuverlässigen Pädiatern und Gynäkologen, zweifellos auch für die Zusammenarbeit mit dem Reichsausschuß. Dem Reichsausschuß gingen anscheinend von den Amtsärzten und praktischen Ärzten zu wenig Meldungen zu. So hat sich auch Dr. Mennecke bei v. Hegener über den Medizinalrat Dr. Nordmann, Leiter des Gesundheitsamtes des hessischen Kreises Rheingau, beschwert, weil er ihm keine Kinder auf den Eichberg überwiesen habe.

Die Vorgänge in den Reichsausschuß-Stationen selbst werden sich nie völlig aufdecken lassen. Immerhin haben die Prozesse gegen die Ärzte und Pfleger der Anstalten Kalmenhof bei Idstein und Eichberg, wo sich Reichsausschuß-Stationen befanden, einiges geklärt.

In der Reichsausschuß-Station Eichberg sind ungefähr 80 Kinder getötet worden, sie wurden vorher sorgfältig untersucht und beobachtet; in Eglfing sind es wahrscheinlich zwischen 200 und 300 gewesen, aus den übrigen Reichsausschuß-Stationen fehlen noch die Zahlen.

Die Station auf dem Eichberg sollte zu einer Musterstation für wissenschaftliche Arbeit ausgebaut werden und tatsächlich soll sie, nach Aussagen der Pflegepersonen, von Sauberkeit geblitzt haben; die Kinder wurden bis zu ihrem Tode gut verpflegt und betreut. Jedenfalls waren die Zustände weit besser als in Brandenburg-Goerden oder Haar-Eglfing. Doch ist das Endergebnis — 80 Tote — das gleiche und die wissenschaftlichere Behandlung des Problems rechtfertigt keineswegs diesen vielfachen Mord. In Eichberg wurden von Anfang an Gehirnsektionen vorgenommen, um eine einwandfreie Auswertung der Untersuchungsbefunde zu ermöglichen. Der Oberarzt Dr. Schmidt hat zuerst die Sektionen selber vorgenommen, als die Anstalt später in engem Kontakt mit Prof. Carl

Schneider von der Heidelberger Universitätsklinik stand, wurden die Gehirne dorthin zur Sektion geschickt. Die Heidelberger Psychiatrische Universitätsklinik soll sich auch neurologisch besonders interessante Fälle in den Fürsorgeanstalten der Umgebung herausgesucht haben; sie wurden gründlich in der Klinik untersucht und dann auf die Reichsausschuß-Station auf den Eichberg zur Tötung geschickt, von wo dann die Gehirne wieder an die Klinik zurückkamen.

Dr. M. kümmerte sich in Wirklichkeit ebensowenig um die Kinderstation wie um die übrige Anstalt Eichberg. Er wollte aber den Ruhm für sich erwerben, eine der besten kinderpsychiatrischen Stationen Deutschlands zu leiten. So führte er auch möglichst oft Besucher aus Berlin durch die Station und drängte dabei seinen Oberarzt in den Hintergrund. Vor Gericht ergab sich die umgekehrte Situation, niemand wollte dort die Verantwortung für die Kinderstation auf sich nehmen, noch die Korrespondenz geführt haben.

Da die Akten alle vernichtet wurden, sind die Behauptungen beider Ärzte schwer nachzuprüfen. Es hat sich aber ein Briefwechsel über das Kind Horst Schmidt erhalten, der von Dr. Schmidt unterzeichnet wurde und der im Folgenden im Wortlaut abgedruckt wird:

Eichberg, 8. 1. 1945.

An den Reichsausschuß zur Erfassung erb- und anlagebedingter schwerer Leiden, Berlin.

Bei Horst Schmidt, geboren 8. 10. 1942, handelt es sich um eine mongoloide Idiotie, die bereits am 6. 12. 1944 mit Befundbericht gemeldet ist. Der Junge ist 2 Jahre alt, hat Schlitzaugen, Mongolenfalte, plumpe Zunge, schlecht modellierte Ohren, Stumpfnäschen, vorspringende Backenknochen, Überstreckbarkeit der Gelenke, geistig zurück, kann sich nicht versorgen (sic!), kann nicht stehen und sitzen, ist aber sonst poussierlich. Bildungsunfähiger Idiot.

Der Direktor i. V. (Schm.)

Reichsausschuß zur Erfassung etc.

Der Leiter. Berlin, 29. 1. 1945.

Herrn Med.-Rat Dr. Schmidt,

Landesheilanstalt Eichberg.

Betrifft Behandlung von idiotischen Kindern.

Unter Bezugnahme auf Ihre seinerzeit erstattete Meldung über die Kinder:

Horst Schmidt, geboren 8. 10. 1942,
Bernhard Heinz Wein, geboren 17. 7. 1939

teile ich Ihnen mit, daß einer Behandlung derselben auf Grund der einschlägigen Runderlasse des Herrn Reichsministers des Inneren v. 18. 8. 1939 und 1. 7. 1940 nichts mehr im Wege steht.

Ich bitte zur gegebenen Zeit um Mitteilung von dem Ergebnis der Behandlung. Heil Hitler!

v. Hegener.

Wie bei der Atombombe am Ort der Explosion völlige Stille herrscht und die gewalige Detonation erst viele Meilen entfernt hörbar wird, so herrschte auch auf der Tötungsstation des Kalmenhofes bei Idstein Schweigen. Angestellte und Pfleger, die nicht auf der Tötungsstation beschäftigt waren, raunten sich zu, daß dort oben im Krankenhaus etwas nicht in Ordnung sei, trauten sich aber wegen der Geheimhaltungspflicht nicht, offen etwas von ihrem Verdacht und den Gedanken, die sie sich machten, auszusprechen. Die Schwester Maria, die die Tötungen durchführte, wünschte keinerlei Einmischung. Wir wissen nicht, wo diese Schwester augenblicklich ist und haben nicht erfahren können, wer sie mit den Tötungen beauftragt hat. Die leitende Ärztin des Kalmenhofes von 1939 bis 1944, Dr. Mathilde Weber, wurde anscheinend nicht von der Schwester eingeweiht. Sie ahnte, daß die zum Teil sehr elenden Kinder, die aus dem Rheinland und aus Hamburg in Transporten in die Station des Krankenhauses auf dem Kalmenhof geschickt wurden, dort sterben sollen; und ihr fiel auf, wie schnell sie dort starben. Aber sie bestand nicht darauf, die Wahrheit zu erfahren und gab sich mit den allgemeinen Redensarten der Schwester zufrieden.

Sie muß die Schreiben gelesen haben, in denen sie ermächtigt wurde, Kinder, die sie listenmäßig dem Reichsausschuß gemeldet hatte, zu behandeln; und es ist wahrscheinlich, daß sie den genauen Sinn dieses Wortes „behandeln“, des terminus technicus des Reichsausschusses für Tötung, nicht wissen wollte, da sie sich machtlos fühlte, einzugreifen und ihre Fragen vom Landesrat Bernotat, ihrem Vorgesetzten, nicht beantwortet wurden. Als sie an offener Lungentuberkulose erkrankte und nicht mehr arbeitsfähig war, wurde sie von einem jungen Arzt Dr. Wesse abgelöst, der sich über seine Rolle im Euthanasie-Programm im klaren war und nun mit der Schwester Maria gemeinsam nach den Berliner Ermächtigungen handelte. Im ganzen sind von August 1942 bis Mai 1945 359 Todesfälle vorgekommen. Da die Krankenakten kurz vor dem Einmarsch der Amerikaner verbrannt worden waren, wird sich nie feststellen lassen, wieviel Kinder durch die „Ermächtigungen“ des Reichsausschusses hier den Tod fanden, denn auch die natürliche Sterblichkeit der durch die Transporte geschwächten Kinder war sehr hoch.

Die Kinderfachabteilung, auf der die Tötungen stattfanden, war nur klein. Die übrige Anstalt enthielt neben einem Reservelazarett noch 400 bis 500 Betten für die Zöglinge der Heilerziehungsanstalt Kalmenhof, eine Wohltätigkeitsanstalt, die früher durch einen Verein unterhalten wurde, im Dritten Reich aber der allgemeinen Gleichschaltung anheimfiel. Dort sollten schwachsinnige aber bildungsfähige Kinder in Hilfsschulklassen und Lehrbetrieben erzogen werden. Von der ehemaligen Belegschaft von ungefähr 1000 Zöglingen sind im Jahre 1940 bis 1941 232 Zöglinge auf Grund von Meldebogenbegutachtungen in 5 Transporten in die Gaskammern von Hadamar gefahren worden. Da der Kalmenhof überhaupt keine sogenannten „geistig toten“ Patienten hatte, läßt sich hier die Arbeitsweise der Gutachter genau feststellen. Von den übrigen Zöglingen wurde gelegentlich eine Anzahl zur Intelligenzprüfung auf die Kinderfachabteilung bestellt und nur ein Teil kehrte wieder zu den Erziehern zurück. Es ist nicht mehr nachzuweisen, ob Ermächtigungen zu diesen Tötungen aus Berlin vorlagen; in zwei Fällen von Fürsorgezöglingen, die kurz nach ihrer Einweisung auf dem Kalmenhof getötet wurden, ist es unwahrscheinlich.

Die Mutter des Zöglings Rettig, Frau Elisabeth Rettig, sagte im Prozeß aus: (Akten des Prozesses vor der 4. Strafkammer des Landgerichts Frankfurt a. M., Protokoll vom 21. Januar 1947).

„Der Sohn hat bei mir gewohnt. Ich habe zu ihm gesagt: wenn ich nach Hause komme, hast du Feuer gemacht, sonst gibt es . . . Vor Angst ist er mir fortgelaufen, hat sein gespartes Geld mitgenommen und hat sich in Frankfurt herumgedrückt. Da ist er von der Polizei erwischt worden. Kurz darauf ist er nach Mühlheim zur Beobachtung gekommen. Vier Wochen war er dort, da bekam ich Bescheid, er wäre nach Idstein gekommen zur weiteren Beobachtung auf seinen geistigen Zustand. Da habe ich gesagt, der ist doch nicht verrückt. Nach vielleicht 3 bis 4 Wochen war der Junge ausgerückt und nach Hause gekommen. Nach 14 Tagen ist er wieder geholt worden, kam wieder nach Mühlheim zur Beobachtung und 8 Tage später nach Idstein. Vielleicht 8 Tage später bekam ich ein Telegramm, mein Sohn wäre am 11. Dezember nachmittags 4.30 Uhr gestorben . . . In der Zwischenzeit bin ich zu Herrn Dr. W. gegangen. Er sagte: Ihr Sohn ist krank gewesen. Ich sagte: Nein, der war nicht krank. Er: Doch, der war krank. Ich sagte: Das ist ausgeschlossen. Ich habe kerngesunde Kinder, die noch nie krank waren außer Mumps, Masern, und dann ab und zu habe er ins Bett gemacht. Ja, sagte er, jedenfalls war er krank, er hatte eine fieberhafte Darmgrippe. Ich: Nein, das stimmt nicht. Er: Ich mußte ihm zwei Spritzen geben, eine Gegenspritze konnte ich ihm nicht geben, ich mußte zusehen, wie er gestorben ist . . . Ein Junge von 14 Jahren hat zu mir gesagt: ich habe am Samstag, dem 9. Dezember mit Ihrem Sohn Kohlen geschippt, der ist von Dr. Wesse bestellt worden ins Krankenhaus. Seit der Zeit habe ich den Jungen nicht mehr gesehen. Ein anderer Junge kann noch mehr Auskunft geben, der ist drüben auf dem Hof. Da bin ich hingegangen mit meiner Tochter und habe den Jungen angehalten. Er sagte: Der war noch so lustig, der hat nichts gehabt. Wir wußten nicht, warum der herauf (ins Krankenhaus) sollte."

Der Zeuge Willi Barth, jetzt noch Pfleger auf dem Kalmenhof, sagte am 24.Januar 1947, dem vierten Verhandlungstag im Kalmenhof-Prozeß aus:

„Der Rettig ist damals ins Lehrlingsheim gekommen, ist nur kurze Zeit dagewesen und ist wieder entwichen, war etwa 5 Tage zu Hause und ist wieder zurückgekommen. Es ist ihm gesagt worden, wenn er wieder entweicht, kommt er ins Krankenhaus, das ist ihm von Herrn Kirsch (einem mitangeklagten Erzieher) gesagt worden. Der Junge ist vielleicht einige Tage dagewesen und ist wieder entwichen, kurz darauf zurückgebracht worden und anschließend gleich ins Krankenhaus, das weiß ich genau. Ich glaube kaum, daß der Junge die Warnung verstanden hat, wenn er noch einmal entweichen würde, den Verdacht hatte er schon.

Von einem andern Fall der Tötung eines Schwererziehbaren, der öfters entwichen ist, erfahren wir durch die Zeugenaussage der Mutter, Frau Maria Zey vom 24. Januar 1947.

„Er kam vom Arbeitsamt nach Westerburg in eine Fabrik, da mußte er immer schlechte Arbeit machen. Von da aus ist er von der Arbeit fortgeblieben, die Berufsschule hat er zweimal versäumt. Da ist er vom Arbeitsamt aufgefordert nach Weisenau zur sogenannten Arbeitserziehung, wurde dorthin überwiesen durch das Gericht, das sollte sich eventuell auf ein paar Wochen bis zu drei Monaten ausdehnen. Wie er weggekommen ist, hatte er einen Ausschlag an der Hand, wie Krätze. Er war da 3 bis 4 Wochen, genau kann ich das nicht sagen. Da kam er nach Hause und sagte: Mutter, ich will nach Idstein wegen die Hände. Ich: nun, das wird nicht so schlimm sein.

Ich bin mit ihm nach Idstein gefahren. Ich bin wirklich sehr gut mit ihm empfangen. Der Arzt sagte: schön guten Tag, und: das ist in 8 Tagen geheilt. Die 8 bis 14 Tage waren herum, da kam der Junge wieder nach Hause gelaufen und sagte: ich bin doch kein Idiot, ich will doch gerne wieder nach Weisenau. Ich bin mit ihm nach Weisenau gefahren und habe gehört, wie das war. Da haben die gesagt: der Junge kommt wieder hierhin. Da ging ich zum Landeshaus und hörte mal da, da war ein Dicker da, nicht Bernotat, der sagte, er muß wieder nach Idstein. Ich: der Junge ist doch kein Idiot. ‚Ja, er muß wieder nach Idstein'. Das war so komisch. Da bin ich dann mit ihm nach Idstein gefahren, habe mich unterhalten mit dem Büromenschen dort und bekam die Antwort: wir haben hier keine Idioten. Ein paar Wochen darauf kommt der Bescheid, daß mein Sohn tot sei. Da habe ich in seinem Rock einen Brief gefunden.

Der Brief wird vor Gericht verlesen:

„Liebe Mutter! Sie sind gegangen und haben mich eingesperrt. Liebe Mammi, ich bleibe keine acht Tage hier bei den Leuten. Ich gehe wieder meine Wege, ich bleibe nicht hier. Komm und hole mich. Der Koffer ist auch kaputt, er ist hingefallen. Liebe Mammi, mach, daß der Antrag fortkommt."

Das epileptische Hausmädchen des Krankenhauses, Margarethe Schmidt, wurde nach Aussagen Dr. Wesses und einer Schwester durch eine Luminaleinspritzung getötet. Sie wurde in den Luftschutzkeller getragen und kam noch einmal zu Bewußtsein, als ein Zögling, der Zeuge Lohne, sie stöhnen hörte und in den Keller kam. Lohne sagte darüber am 27. Januar 1947 im Kalmenhof-Prozeß aus:

„Die Margarethe Schmidt hat oben im Krankenhaus gearbeitet, ist auf der Station gewesen, wo die Kinder waren, die immer gestorben sind. Da hat sie sauber gemacht. Da ist etwas vorgefallen, da kam sie ins Altenheim, da wurde sie krank, ist krank ins Krankenhaus gekommen. Da hat sie aufs erste Tabletten bekommen, Halstabletten, das hat sie mir persönlich gesagt. Da ist sie wieder ins Krankenhaus gegangen, weil es besser geworden ist, und da hat man sie behandelt, da hat Schwester M. gesagt, sie wäre auf den Eichberg gekommen. Am selben Abend hörte ich jemand im Luftschutzkeller stöhnen. Da dachte ich, mußt mal gucken, wer da ist. Da habe ich mir den Schlüssel geholt in der Heizung und da lag die Margarethe da am Boden auf einer Matratze. Ich konnte mit ihr sprechen. ‚Lohne,' sagte sie, ‚so haben sie mir's gemacht. Sei vorsichtig!' Das ist wahr, ganz bestimmt. Das hat sie gesagt."

Sie wurde durch eine Morphiumspritze getötet und in einem Sack von einer Schwester und dem Erzieher K. in der Dämmerung beerdigt. Der Sachverständige Obermedizinalrat Dr. Josef Strüter hielt die Aussage des Zeugen für glaubwürdig, auch aus den Fürsorgeakten hätte sich bei seiner Entlassung ein günstiges Urteil über den Jungen ergeben.

Der vierte nachgewiesene Fall, der Tötung einer schwererziehbaren, geistig völlig normalen sogenannten „Asozialen" ist der Fall der Ruth Pappenheimer, eines halbjüdischen Fürsorgezöglings, die Dr. Wesse auf besonderen Wunsch von Landesrat Bernotat nach Berlin „meldete". Nach seinen Aussagen erkundigte sich Bernotat ausdrücklich danach, ob die Ermächtigung schon eingetroffen sei und schimpfte darauf, daß Berlin so langsam arbeite. Das Mädchen wurde durch eine intravenöse Morphiuminjektion getötet.

Diese Kinder waren wahrscheinlich alle bis zu einem gewissen Grade über die Tötungen orientiert. Der Erzieher K. drohte den Lehrlingen öfters damit, daß sie ins Krankenhaus kämen; und die Pflegerin Wilhelmine Stahl beschrieb in ihrer Zeugenaussage, daß die Kinder sich fürchteten (Protokoll vom 27. Januar 1947, Kalmenhof-Prozeß):

> „Es wurde allgemein darüber gesprochen, die Kinder haben selbst darüber gesprochen. Sie haben sich alle gefürchtet, ins Krankenhaus zu gehen, sie hatten Angst, daß sie nicht wieder zurückkämen. Es war ein allgemeines Gerücht. Die Kinder, die haben Klappsarg gespielt. Wir waren auch erstaunt, daß die Kinder das wußten. Woher sie die Weisheit hatten? Das weiß ich nicht, wir haben sie auch verwarnt. Das waren zehnjährige Kinder."

Einen furchtbaren Eindruck haben auf alle Pfleger und Ärzte sowohl des Kalmenhofs als des Eichbergs die Reichsausschuß-Transporte aus Norddeutschland gemacht. Frau Dr. Weber schilderte das Ausladen eines solchen Transportes, der im verschlossenen Abteil ohne genügend Pfleger mehrere Tage unterwegs gewesen war. Die Kinder lagen übereinander und waren völlig verschmutzt, der Gestank sei nicht auszuhalten gewesen. Einige Tote seien dabei gewesen und mehrere Sterbende. Diese schweren Idioten und Mißbildeten waren natürlich hilflos, wenn sie sich selber überlassen waren. Krankheiten griffen schnell um sich; schon die allgemein üblichen eitrigen Infektionen, für die nicht genügend Verbandstoff zur Verfügung stand, kosteten manchen das Leben. Wenn bei Verwundetentransporten im Kriege eine notgedrungene Vernachlässigung eintreten konnte, so sind die Zustände bei diesen Transporten wohl beabsichtigt gewesen. Möglichst viele sollten ihr Ziel nicht erreichen. Dr. Schm. gab auch an, daß von den Kindern, für die Ermächtigungen vorlagen, höchstens ein Viertel in die Anstalt kamen, wohl weil die übrigen vorher gestorben waren; er beschrieb einen Transport größerer Kinder, von denen die Hälfte in Zwangsjacken steckte und wie wild um sich schlugen, bissen und kratzten; dieser Transport war ohne Begleitpersonal aus Norddeutschland gekommen, die Ermächtigung zum Töten lag schon bei allen Kindern vor.

Die hessischen Anstalten hatten aber noch andere Fachabteilungen für Kinder aufgebaut, wie wir in einem Brief des Landesrates Bernotat, Dezernent für das Anstaltswesen beim Oberpräsidenten der Provinz Hessen-Nassau in Wiesbaden, vom 15. 5. 1943 lesen (Dokument NO 893):

> Betrifft Anstaltsunterbringung minderjähriger jüdischer Mischlinge.
>
> In der Landesheilanstalt Hadamar, Kreis Limburg a. d. Lahn, ist auf Anordnung des Herrn Reichsministers des Innern von mir ein Erziehungsheim errichtet worden, in dem alle jüdischen und als jüdisch geltenden Kinder und Jugendliche, die sich in Heimerziehung, Fürsorgeerziehung und sonstiger Heimerziehung befinden, untergebracht werden müssen.
>
> Ich bitte, mir zu diesem Zweck die in dem dortigen Heim untergebrachten jüdisch-minderjährigen Mischlinge umgehend, spätestens bis zum 20. Mai 1943, mitzuteilen. Fehlanzeige ist erforderlich. Für die Folge bitte ich mir von jeder Zuweisung eines minderjährigen jüdischen Mischlings in das dortige Heim sofort Mitteilung zu machen.

Von diesen Vorgängen erfahren wir auch durch die eidesstattliche Erklärung des ehemaligen Landesrates Dr. Otto Schellmann (Dok. No. 896):

> „Am 8. 3. 1943 kam ein Erlaß des Reichsministeriums des Innern, wonach minderjährige vollsinnige jüdische

Mischlinge (Fürsorgezöglinge) in die Mischlingsabteilung der Landesheilanstalt Hadamar einzuweisen seien. Mit Rücksicht auf die bedenkliche Rolle, die Hadamar bei der Behandlung geisteskranker Personen gespielt hatte, glaubte ich, vorsichtig vorgehen zu müssen und fragte gelegentlich meiner Anwesenheit im Landeshaus in Wiesbaden, ob Gewähr für eine sachgemäße Behandlung dieser Jugendlichen geboten sei. Diese Frage wurde mir von dem Anstaltsdezernenten Landesrat Bernotat unbedingt bejaht. Insbesondere wurde auch versichert, daß ausreichende und gute Beschulung gesichert sei.

Darauf wies ich unsere Anstalten Wabern und Homberg an, wegen der Überführung der Kinder das Erforderliche zu veranlassen.

Unter diese Maßnahmen fielen die Geschwister Klara, Alfred, Waldtraut und Amanda Gotthelf aus Großkrotzenburg, Kreis Hanau, die am 1. Oktober 1943 nach Hadamar überwiesen wurden und von denen wir bald die Nachricht erhielten, daß die sonst gesunden Kinder plötzlich verstorben seien, und zwar Alfred am 20. Oktober, Amanda am 22. Oktober, Klara am 26. Oktober und Waldtraut am 1. November. Ein anderer Zögling namens Wurr (jüdischer Mischling), der ebenfalls am 1. Oktober von Homberg nach Hadamar gekommen war, verstarb daselbst am 20. Oktober 1943.

Diese sonderbaren Todesfälle machten mich stutzig und meine Bedenken konnten auch durch die amtlichen Erklärungen nicht beseitigt werden. Anderseits mußte ich davon ausgehen, daß die dienstlichen Erklärungen der Anstalt Hadamar nun einmal da waren und nicht ohne weiteres als unglaubwürdig behandelt werden konnten. Es wären mir sonst zweifellos Schwierigkeiten gemacht worden, da ich, falls die dienstliche Erklärung unrichtig gewesen wäre, auch auf eine Rückfrage eine Richtigstellung oder Aufklärung der Vorgänge nicht hätte erzielen können. Es blieb mir infolgedessen nichts andres übrig, als durch vorbeugende Maßnahmen die Wiederholung derartiger Vorgänge zu vermeiden. Ich wies deshalb unter Darstellung des Sachverhaltes in einer persönlichen Besprechung die Leiter unserer Anstalten in Homberg und Wabern mündlich an, von jetzt ab unter keinen Umständen mehr Jugendliche nach Hadamar zu überweisen. Dies ist dann auch nicht mehr geschehen."

Das Schicksal dieser Kinder ist aus den Frankfurter Prozeßakten zu ersehen: keins lebte länger als einige Monate in der Anstalt, sie wurden alle getötet. Die zugesicherte ausreichende Beschulung besorgte der „Direktor" Klein, der selber als unterdurchschnittlich begabt und charakterlich minderwertig geschildert wird.

Für die Arbeit beim Reichsausschuß bekamen Ärzte und Pfleger Sondervergütungen, die ihre so heikle Aufgabe lohnender machen sollten. Schweigegelder dieser Art verpflichteten das Personal, sich für ihre Arbeit einzusetzen.

DIE DURCHFÜHRUNG DER EUTHANASIE BEI ERWACHSENEN

Der Plan, nach dem die Euthanasie durchgeführt wurde, ist in dem Amt II der „Kanzlei des Führers", dem Amte Viktor Bracks ausgearbeitet worden. Karl Brandt, der Begleitarzt des Führers, dessen Name auf dem Erlaß Hitlers stand, kümmerte sich nicht viel um die Durchführung der „Euthanasie-Aktion", er hat nur an den ersten Verhandlungen teilgenommen. Da Reichsleiter Bouhler kein Arzt und Brandt beim Führerhauptquartier war, mußten ärztliche Leiter der Euthanasie-Aktion gesucht und nach Ausarbeitung des Verfahrens ärztliche Mitarbeiter geworben werden. Professor Werner Heyde, Ordinarius für Psychiatrie an der Universität Würzburg, und Prof. Paul Nitsche, Leiter der Anstalt Sonnenstein bei Pirna, übernahmen die Leitung der Euthanasie-Aktion, beides Männer der Praxis, deren wissenschaftliche Leistungen unbedeutend waren.

Es mußten Organisationen geschaffen werden, die die Geschäfte der Tötungen übernahmen und sowohl den Briefwechsel mit der Außenwelt als den Anstalten führten in Fällen, wo es nicht möglich war, die notwendigen Maßnahmen durch die Gesundheitsabteilungen der Innenministerien oder durch den „Reichskommissar für das Anstaltswesen" im Reichsinnenministerium, Dr. Linden, ergreifen zu lassen. So wurden drei Tarngesellschaften geschaffen, die über eigenes Personal verfügten: die „Allgemeine Stiftung für Anstaltswesen", der das Personal der Tötungsanstalten unterstellt war, die „Reichsarbeitsgemeinschaft Heil- und

Pflegeanstalten", die die Meldebogen ausschickte und die Begutachtungen veranlaßte, und die „Gemeinnützige Krankentransportgesellschaft", die mit ihren später allgemein bekannten, grauen, verhängten Omnibussen die Verlegungen aus den Anstalten in die Tötungsanstalten durchführte.

Der Kreis der eingeweihten Ärzte war zuerst sehr klein. Nicht jeder Landeshauptmann war zu seinen Anstaltsdirektoren so offen wie Landeshauptmann Traupel von Kassel, der bei einer Besprechung von bevorstehenden kriegsbedingten Verlegungen sprach, die einen besseren Arbeitseinsatz der Kranken bewirken sollten und hinzufügte, daß einzelne Kranke vielleicht schmerzlos eingeschläfert werden könnten. Die leitenden Ärzte der Gesundheitsabteilungen der Länder und der Provinzialverwaltungen waren über die geplanten Maßnahmen im Bilde und anscheinend meist einverstanden. Es gab Ausnahmen wie Prof. W. Creutz, leitender Medizinalbeamter der Provinz Rheinland, der gegen die Euthanasie-Aktion protestierte. Das eigentliche ärztliche Personal, wie es für Begutachtungen, Leitung der Tötungsanstalten und Reichsausschuß-Stationen und als Kontroll-Kommissionen in den verschiedenen Anstalten benötigt wurde, war nicht zahlreich; nach Schätzung Dr. Menneckes waren 20 bis 30 Ärzte daran beteiligt, von denen jeder mehrere Funktionen ausübte. So stoßen wir in den Dokumenten immer wieder auf die gleichen Namen, die nach außen durch Tarnnamen ersetzt wurden.

Im Spätherbst 1939 lief die „Aktion" an; es wurden die ersten Meldebogen der Patienten an die deutschen und österreichischen Anstalten verschickt. Die Meldebogen waren mit Absicht unbestimmt gehalten, um zu verhindern, daß die Direktoren ahnten, zu welchem Zweck die Bogen auszufüllen waren. Da die Frage der Arbeitsfähigkeit zur Beurteilung des Kranken dienen sollte, nahm sie einen breiten Raum ein, was im allgemeinen die Direktoren veranlaßte zu glauben, daß es sich um eine Erfassung von Arbeitskräften für die Kriegswirtschaft handelte.

Zu melden waren nach dem Merkblatt zu den Meldebogen sämtliche Anstaltsinsassen, die

1. an einer der nachstehenden Krankheiten erkrankt waren:
   Schizophrenie,
   Epilepsie (wenn exogen, Ursachen angeben),
   Senile Erkrankungen,

Therapierefraktäre Paralyse oder andere Lues-Erkrankungen,
Schwachsinn jeder Ursache,
Encephalitis,
Huntington oder andere neurologische Endzustände;

2. sich mehr als 5 Jahre andauernd in Anstaltspflege befanden;
3. als kriminelle Geisteskranke verwahrt wurden;
4. die nicht deutschen oder artverwandten Blutes oder Ausländer waren.

Diese letzten Paragraphen wurden nach Viktor Brack deshalb eingeführt, weil keine Juden in deutschen Anstalten die „Wohltat" der Euthanasie genießen sollten (sie wurden in den Lagern des Ostens vergast) und weil Ausländer von vornherein ausgenommen waren. (Eroberte Länder galten nicht als Ausland, denn viele polnische Namen befinden sich auf den Verlegungslisten, auch das „Protektorat" rechnete selbstverständlich nicht zum Ausland.)

Die Bestimmung, daß langjährige Anstaltsinsassen gemeldet werden mußten, hat sehr viele arbeitsfähige Patienten, die für den Anstaltsbetrieb nötig waren und sich im freien Erwerbsleben nur schwer gehalten hätten, das Leben gekostet. Die Direktoren waren unter dem ersten Eindruck, daß es sich um eine Erfassung von Arbeitskräften handele, ängstlich darauf bedacht, gerade diese wertvollen Arbeiter den Anstalten zu erhalten und haben im allgemeinen ihren Zustand als schlecht geschildert. So wurden gerade sie von der Verlegung betroffen, bevor der Zweck dieser Verlegungen allgemein bekannt war und die Direktoren Schutzmaßnahmen treffen konnten.

Da sich die Anstaltsdirektoren gegen die ihnen sinnlos erscheinende, anscheinend nur statistischen Zwecken dienende Mehrarbeit wehrten, wurden die Meldebogen sehr nachlässig ausgefüllt oder Ärzten überlassen, die die Kranken nicht kannten. In Weilmünster z. B. füllte der im Ruhestand befindliche Arzt Dr. Henkel 1500 Meldebogen in 14 Tagen aus; Dr. Mathilde Weber, die einzige Ärztin der Anstalt Kalmenhof, die erst vor kurzem die Anstalt übernommen hatte, mußte in 4 Wochen 1000 Meldebogen ausfüllen. In einigen Anstalten, besonders den konfessionellen, wurden von Anfang an Kommissionen von Ärzten der Euthanasie-Dienststelle eingesetzt, die mit ihren Sekretärinnen in wenigen Tagen die Anstalt bearbeiten konnten und sich nicht mit den Anstaltsärzten in Verbindung setzten, so z. B. in Franken. Diese Ärztekommissionen wurden auch in die Anstalten geschickt, deren Bogen sichtlich falsch ausgefüllt waren. Sie sollten nach Prof. Heydes Absicht einen Schutz vor Übergriffen bilden, während sie in Wirklichkeit alle Kranken ohne viel Unterschiede meldeten. In der ersten Zeit standen nach dem Alphabet sämtliche Patienten auf den Verlegungslisten. Erst später wurde etwas mehr ausgesucht; aber bis zuletzt sind viele Patienten, die keineswegs „geistig tot" waren, der „Euthanasie" zum Opfer gefallen.

Die sechs Tötungsanstalten, die der „Allgemeinen Stiftung für Anstaltswesen" unterstellt waren und eigenes Personal hatten, waren: Grafeneck in Württemberg, Bernburg in Anhalt, Sonnenstein bei Pirna, Hartheim bei Linz, Brandenburg und zuletzt Hadamar. In diesen Anstalten befanden sich die als Duschräume getarnten Vergasungsräume und die Krematorien zum Verbrennen der Leichen. Aus Grafeneck wissen wir, daß zeitweise täglich 50 Menschen den Tod fanden. Im allgemeinen war das Personal der Tötungsanstalten roh und pflegerisch ungeschult. Es wurde nach der politischen „Zuverlässigkeit" ausgesucht; eine Ausnahme machten die dienstverpflichteten Sekretärinnen der „Trostbriefabteilungen", die mit dem übrigen Personal kaserniert waren. An äußeren Annehmlichkeiten fehlte es nicht; so hatte Hadamar eine besonders mit Alkohol reichlich ausgestattete Kantine, wo Saufgelage des Personals stattfanden. Es ist nicht verwunderlich, daß auch die sonstige Moral der Belegschaft nicht sehr hoch war. Einen besonders schlechten Ruf hatte das Personal der Transportgesellschaft. Dr. Mennecke teilte noch während der „Aktion" dem Leiter von Weilmünster mit, daß die Transportchauffeure Koffer bestohlen hatten. In jeder Anstalt fiel die rohe Art auf, mit der das Transportpersonal die Patienten in die Autobusse verlud. Sie waren meist uniformiert und bewaffnet wie auch die Wachen der streng abgesperrten Tötungsanstalten.

In jedem Bezirk waren mehrere Durchgangsanstalten eingerichtet worden, in denen die Patienten zunächst nur einige Tage bleiben sollten; auch dies eine Maßnahme, um das wirkliche Ziel, die Tötungsanstalt, vor den Angehörigen und den Anstaltsdirektoren zu verschleiern und die Patienten aus ihrer gewohnten Umgebung zu lösen. Die Auswirkung auf den Krankheitszustand der Verlegten war natürlich verheerend. Es gab aber auch innerhalb desselben Bezirkes Transporte, die gleich in die Tötungsanstalt gingen. Später, als sich herausstellte, daß viele Übergriffe geschehen waren, wurden diese Durchgangsanstalten zu Beobachtungsanstalten ausgebaut, um die Patienten noch einmal überprüfen zu können. Soviel aus den Dokumenten zu ersehen ist, wurden auch dann die Patienten bei ihrem längeren Aufenthalt nicht untersucht oder beobachtet. In den hessischen Anstalten Herborn und Weilmünster bestand sogar ein Verbot des Anstaltsdezernenten, sich mit den Durchgangspatienten näher zu befassen.

Der „Aktengang" eines Patienten, der schließlich im Vergasungsraum endete, war folgender: Der ausgefüllte Meldebogen kam in die Euthanasie-Dienststelle T 4 in Berlin, wo drei Photokopien angefertigt wurden. Diese wurden drei unabhängig von einander arbeitenden Untergutachtern zugeschickt. Prof. Heyde schätzte, daß ein gewissenhafter Gutachter, der auch Krankengeschichten anfordern sollte, 30-50 Begutachtungen an einem Tage fertigmachen könnte, wenn er daneben nichts anderes tat. Vielbeschäftigte Anstaltsdirektoren brachten es aber, wie z. B. der Leiter von Eglfing auf 200 Gutachten in 3 Tagen und vom 5. 11. 1940—3. 5. 1941 auf 5475. Diese „Gutachten" wurden nie über Insassen der eigenen Anstalt abgegeben, so daß eine persönliche Kenntnis des Krankheitsbildes unmöglich war. Die drei Gutachten wurden zusammen einem Obergutachter vorgelegt, der seinen Vermerk auf einen vierten Bogen schrieb, nach welchem der Patient dann entweder verlegt oder in seiner alten Anstalt belassen wurde.

Nur wenige Wochen nach Ausfüllen der Meldebogen traf eine überall gleich abgefaßte Benachrichtigung in der Anstalt ein: Im Rahmen planwirtschaftlicher Maßnahmen des Verteidigungskommissars seien eine Reihe von Verlegungen notwendig. Die auf der beigegebenen Liste aufgeführten Patienten seien für den Transport durch die „Gemeinnützige Krankentransportgesellschaft" an einem bestimmten Datum (der Tag war meist der zweite oder dritte nach Empfang des Schreibens) fertigzumachen. Das Ziel des Transportes wurde nie genannt und wurde erst auf schriftliche Anfrage von der Gemeinnützigen Transportgesellschaft mitgeteilt. Die Angehörigen oder Anstalten erfuhren dann meist bei Anfragen in dieser Anstalt, der Durchgangsanstalt, daß der Patient schon weiterverlegt werden mußte, diesmal war der Name der Anstalt eine der sechs Tötungsanstalten. Von dort hörten dann hartnäckige Anfrager, daß der betreffende Patient kurz nach der Verlegung unerwartet an einer Krankheit gestorben sei, die trotz aller Bemühungen der Ärzte nicht aufzuhalten gewesen sei. Verlogene Phrasen über die Erlösung des Kranken von seinem unheilbaren Leiden folgten. Den Schluß solch eines schematisch abgefaßten „Trostbriefes" bildete die Mitteilung, daß die Leiche aus seuchenpolizeilichen Gründen eingeäschert werden mußte, die Urne stehe zur Verfügung. Die Habseligkeiten wurden meist auch nicht zurückerstattet; es wurde mitgeteilt, daß sie aus seuchenpolizeilichen Gründen mitverbrannt worden waren, oder sie konnten innerhalb einer bestimmten Frist reklamiert werden, sonst verfielen sie der NSV. Die Frist, meist 14 Tage, war längst abgelaufen, wenn die Benachrichtigung endlich in die Hände der Angehörigen gelangte. Die standesamtlichen Formalitäten wurden dadurch getarnt, daß in jeder Tötungsanstalt ein eigenes Standesamt eingerichtet wurde. Die Totenscheine wurden an jedem Monatsersten wieder von 1 an durchnumeriert, damit die Zahlen nicht zu hoch erschienen. Bei den Urnen war die Vorsichtsmaßregel, eine durchgehende Numerierung zu vermeiden, nicht beobachtet worden, so daß die württembergische Landeskirche über das Ausmaß der Tötungen in Grafeneck ziemlich genau informiert war. Es sind vom Dezember 1939 bis Januar 1941 in Grafeneck ca. 18 000 Menschen vergast worden, in Hadamar bis Sommer 1941 bestimmt mehr als 10 000. In Hadamar werden im ganzen einschließlich der „wilden Euthanasie" 15 000 Menschen getötet worden sein.

Trotz der angewandten großen Vorsicht, z. B. der Maßnahme, daß keine Geschwister auf denselben Transport genommen wurden; daß die Ärzte Tarnnamen trugen; daß mehrere Schemata für Trostbriefe üblich waren, und daß die Patienten meist in weit entfernten Anstalten getötet wurden, konnte es nicht ausbleiben, daß die tragischsten und zugleich komischsten Mißgriffe geschahen, die dem Volk bald die Augen öffneten. So starb ein Patient an einer

Blinddarmentzündung, bei dem der Blinddarm seit 10 Jahren entfernt war; Patienten, die an leichten Geistesstörungen litten und zu Hause nicht versorgt werden konnten, aber regelmäßig von den Angehörigen besucht wurden, waren plötzlich verschwunden und mehrere Wochen später an Hirnödem oder Marasmus gestorben. Wahllos betrafen die Verlegungen Fürsorgepatienten und Selbstzahler; am gefährdetsten waren diejenigen, die schon lange Jahre in den Anstalten lebten, ganz gleichgültig, wie ihr sonstiger Gesundheitszustand war. Es ist unmöglich, die zahlreichen Beispiele aufzuzählen, bei denen sogar ein überzeugter Anhänger der Euthanasie niemals seine Zustimmung zur Tötung gegeben hätte. Hilflose Menschen waren es, die in vollem Bewußtsein ihres Schicksals auf den letzten Transport gingen, keineswegs die sagenhaften „geistig Toten", von denen Brack so gerne sprach, und die von einem „lebensunwerten Leben" erlöst werden mußten

Rückstellungen waren auf amtlichem Wege kaum möglich; alle Rettungen gingen auf die Initiative einzelner Ärzte oder Beamten zurück. Zum Beispiel gelang es auf dem Eichberg mit Hilfe einer Fürsorgerin, Elisabeth Müller, und der Ärztin Frau Dr. Conrad, zahlreiche Patienten zu entlassen, ohne daß es der Anstaltsleiter überhaupt erfuhr. Er selber berief sich darauf, daß Untergutachter und Anstaltsdirektoren keine Rückstellungen machen dürften, wenn es sich nicht um Kriegsbeschädigte aus dem ersten Weltkrieg handelte; Rückstellungen könnte der Arzt der Tötungsanstalt machen. Doch hatte auch er den Eindruck, daß die letzte Untersuchung in Hadamar vor der Vergasung eine Farce sei. Der dortige Arzt Dr. Gorgass betonte ausdrücklich, daß ihm nur Rückstellungen im Falle von Ausländern und Kriegsteilnehmern gestattet seien. Keineswegs hatte er die Handlungsfreiheit, die Brandt und Brack in ihren Aussagen einem Euthanasie-Arzt zulegten. Es sei ihm versichert worden, daß die Kranken durch das Relais der Begutachtungen so gründlich untersucht worden seien, daß Irrtümer nicht vorkommen könnten. Brack wollte möglichst viele der Euthanasie zuführen; wie Dr. M. berichtete, habe er aufgefordert, die „Begutachtungen so zu gestalten, daß in Zweifelsfällen ein Verfallen zur Euthanasie gefordert würde" — zu deutsch also: im Zweifelsfall töten. Alle sogenannten Sicherungen und freien Verantwortlichkeiten erwiesen sich so als ungeeignet, einen Patienten zu retten; umsomehr als Entlassungen nur mit ausdrücklicher Genehmigung des Reichsinnenministeriums vorgenommen werden durften, die aber praktisch nicht erteilt wurden. Allerdings wurden entlassene Patienten nicht mit Gewalt in die Anstalt zurückgeholt, da man das Aufsehen fürchtete, so daß Ärzte, die sich nicht an das Verbot hielten, einen ernsten Verweis riskierten, aber nicht für das Leben der Patienten mehr fürchten brauchten. Daß der Abtransport und die Vergasung eines Patienten oft von Kleinigkeiten abhing, aber auch die Rettung manchmal einem Zufall zu verdanken war, zeigt das Beispiel des Patienten Otto Mahrwalder, den die ehemalige Sekretärin des Kalmenhofes, Frau M. L., im Prozeß erzählte:

> „Otto Mahrwalder war Schizophrener und arbeitete auf Gut Georgenthal. Er stand auf der Liste und wurde von Georgenthal an dem Tage, an dem der Transport abgehen sollte, geholt. Da dachte ich mir, da wird einer geholt und man weiß gar nicht, wo der schwach ist: er sah gut und fast normal aus, wie andere Leute. Daraufhin bin ich zum Direktor Müller und habe gesagt, er möchte sich doch einmal diesen Otto Mahrwalder ansehen, ob man den nicht zurückschicken könnte. Der sagte: ‚Ach was, ich mache das nicht mehr. Nachher heißt es doch nur, ich boykottiere die Sache, nein, nein'. Die Sache ließ mir keine Ruhe, ich überlegte mir immer, was man da mache könnte. Nachher war schon das Auto da mit dem Transportleiter Seip, da klingelte plötzlich das Telefon. Eine Frau war da, die fragte nach dem Otto Mahrwalder, ob der schon verlegt wäre. Sie fragte mich, ob der nicht zurückgehalten werden könnte, sie wollte ihn ganz zu sich nehmen und für alle Kosten aufkommen. Sie hätte gehört, er komme fort. Er sei auch Kriegsteilnehmer 1914 bis 1918 gewesen. Da habe ich gleich gedacht, die Kriegsteilnehmer sollten doch nicht nach Hadamar verlegt werden. Da lief mir gerade der Transportleiter Seip über den Weg, da sagte ich, der Zögling würde verlangt von seinen Angehörigen, er sei auch Kriegsteilnehmer gewesen. Er sagte: nein, wenn er Kriegsteilnehmer war, nehme ich ihn nicht mit, da muß ich ihn hier lassen. (Kriegsteilneh-

mer, deren Krankheit auf eine im Kriege erworbene Verletzung oder Schaden zurückzuführen sei, aber nicht alle Kriegsteilnehmer, waren nach Aussagen Viktor Bracks von der Euthanasie ausgenommen). Ich telefonierte schnell auf den Eichberg zu Direktor Mennecke, der erinnerte sich zufällig sofort an den Fall. Weil M. einmal in Amerika gewesen war, hieß er dort der Amerikaner. Direktor Mennecke sagte: das kann man verantworten, das ist ein sehr ordentlicher Kerl, den können Sie zurückhalten. In der Zeit war Direktor Müller mit Seip schon am Altenheim, der Transport ging gleich los. Da rief ich schnell an, jemand sagte, sie seien schon im Auto. Darauf ich: „Laufen Sie schnell hin und holen sie ihn zurück!' Da haben sie ihn gerade noch vor dem Einsteigen zurückgeholt. Er ist heute noch am Leben."

70 000 Anstaltsinsassen sind bis August 1941 vergast worden, 30 000 begutachtete Meldebögen sollten noch erledigt werden. Die konfessionellen Anstalten, die wegen der Widerstände der Kirchen bis zuletzt verschont geblieben waren, sollten gerade geräumt werden, als die Euthanasie-Aktion eingestellt wurde. Es war erst kurz vorher begonnen worden, die Meldungen der kirchlichen Anstalten durch Ärzte-Kommissionen vornehmen oder kontrollieren zu lassen. In Bethel wurde der Anfang durch eine „Groß-Aktion" gemacht. 20 bis 30 Ärzte und Sekretärinnen wurden dorthin geschickt. Sie wurden vom Regierungspräsidenten empfangen und begannen nach einer Ansprache Pastor von Bodelschwinghs, in der er sich als deutscher Untertan der Staatsautorität unterwarf, die Arbeit, die drei Tage dauerte.

Es wurden durchschnittlich 50 % der Stammpatienten der deutschen Anstalten, also die 1 ‰ der Bevölkerung ausgerottet, die von den Statistikern als „geistig Tote" errechnet waren, doch wurde der Rahmen, wie ihn sich ein Psychiater wie Prof. Heyde vorgestellt hatte, weit überschritten. Nach sämtlichen Aussagen von Psychiatern sind überall Patienten vergast worden, die besserungsfähig waren neben denen, die, obwohl geistig gestört, doch am Leben teilnahmen und daran hingen. In den gutgeleiteten Anstalten waren durchschnittlich 85—90 % der Patienten mit kleineren Arbeiten oder Handreichungen beschäftigt. Nach Heydes Ansicht rührten diese Überschreitungen des Rahmens davon her, daß verantwortungslose Menschen die maßgebenden Stellen innehatten und wahllos vernichteten, anderseits aber auch Ausnahmen zuließen, die sachlich nicht zu rechtfertigen waren.

Die ersten Verlegungen betrafen die kriminellen Psychopathen und Sicherheitsverwahrten, die teils in Auschwitz, teils in den Tötungsanstalten endeten. Es wird von einem Transport von Eichberg nach Hadamar berichtet, bei dem diese Kranken Handschellen trugen. Dr. Mennecke erzählte nach einer Gutachterreise nach Auschwitz, daß er dort ehemalige Patienten getroffen habe, — von dort werden sie wohl endgültig „positiv begutachtet" worden sein, wie der Fachausdruck lautete, wenn ein Mensch zum Tode durch die Euthanasie verurteilt wurde. Viele sogenannte „kriminelle Psychopathen" mögen nur Opfer ihrer politischen Überzeugung geworden sein wie der Gerichtsassessor Fritz Freudenberger, der 1937 wegen Volksverrat verurteilt, aber von einem wohlwollenden Gutachter zu seiner Rettung als geistig nicht voll zurechnungsfähig in die Anstalt Eichberg zur Sicherungsverwahrung überwiesen und 1941 von hier aus auf Sammeltransport geschickt wurde. Damals war der § 51 oft ein ebenso sicheres Todesurteil wie die „Schutzhaft" im KZ.

Nach den Kriminellen kamen die Juden von ihren Anstalten fort, meist nach Osten mit unbekanntem Ziel. Dr. Pfannmüller konnte am 29. 9. 1940 berichten, daß Eglfing judenfrei sei (Dok. L. 169).

Der Zustand der Patienten war bei ihrer Ankunft in der Tötungsanstalt denkbar schlecht. Sie waren meist völlig desorientiert und nur die geistig Regsamsten mögen Verdacht geschöpft haben, daß gerade dieser Duschraum das Ziel ihrer Irrfahrten sei. Sie waren durch Unterernährung zum Skelett abgemagert; Angst und schlechte Behandlung verwirrten sie derart, daß vorher Geordnete den Eindruck von Verblödeten machten. Niemand machte sich in der Tötungsanstalt Gedanken, diese kaum mehr menschlichen Wesen zu vergasen und dachte daran, daß sie noch vor kurzem ihren Platz in der Anstalt ausfüllten und dort nützlich beschäftigt waren. Die württembergischen und fränkischen Anstalten waren kaum imstande, nach den massenhaften Verlegungen ihren Wirtschaftsbetrieb aufrecht zu erhalten.

Über die in sächsischen Anstalten angewandten Vernichtungsmethoden gibt der Bericht Aufschluß, den der Leiter der Hoffnungsthaler Anstalten und Vizepräsident des Zentralausschusses der Inneren Mission, Pastor P. Braune am 9. 7. 1940 auf Wunsch von Berliner Behörden, unter anderm des Reichsjustizministeriums, zusammengestellt hat, da die Behörden auf offiziellem Wege nichts von der Euthanasie-Aktion erfahren hatten und den Gerüchten keinen Glauben schenken wollten. (Dok. NO 823.)

„Aus den sächsischen Anstalten ist eindeutig durch Besuche festgestellt, daß die Sterblichkeit durch Entziehen der Nahrungsmittel erhöht wird. Die Ernährung wird, wie von einer vertrauenswürdigen Person berichtet wird, auf einen täglichen Wert von 22 bis 24 Rpfg. herabgesetzt. Da die Kranken damit unmöglich auskommen können, wird ihnen zwangsweise Medizin gegeben (Paraldehyd), damit sie in einen apathischen Zustand geraten. Durch mündlichen und schriftlichen Bericht wird in erschütternder Weise deutlich, wie die Kranken immer wieder ihr ‚Hunger, Hunger' rufen. Angestellte und Pfleger, die das nicht mehr ertragen können, haben hie und da von ihren Privatmitteln etwas Hunger gestillt, aber das Ergebnis steht eindeutig fest. Hunderte sind durch diese Maßnahmen in den letzten Monaten eines schnellen Todes gestorben.

Es handelt sich dabei nicht nur um Kranke, die absolut geistig stumpf sind, sondern im Gegenteil um Kranke, die ziemlich genau diese Vorgänge kennen und beobachten, wie oft am Tage Beerdigungen stattfinden. Ein Bericht schildert die Todesangst eines Patienten, der genau ahnte, welches Schicksal ihm und seinen Leidensgenossen bereitet werden soll.

Eine Besucherin berichtet, daß die Patienten in Waldheim morgens eine Schnitte Brot bekämen, mittags einen Teller Essen und abends einen Teller Suppe. Diese Versorgung gäbe es aber nur für arbeitende Kranke. Diejenigen, die nicht arbeiten können, bekommen nur eine halbe Schnitte Brot, einen viertel Teller Essen und einen halben Becher Suppe. Wird jemand bettlägerig, so gibt es noch weniger, in der Zelle gar nichts. Wenn dabei die arbeitenden Patienten ihren hungernden Gefährten von ihrem Wenigen etwas abgeben, so wird ihnen zur Strafe die nächste Mahlzeit gekürzt, weil sie offenbar noch zu viel bekämen. Sämtliche Patienten sähen erschreckend blaß, abgezehrt und elend aus. Die Unterbringung der Patienten ist katastrophal. Sie liegen auf dünnen Matrazen auf dem Fußboden, 51 in einem Saal. Sie bekommen auch keine Anstaltsbekleidung mehr, sondern müssen ihre eigene Kleidung tragen. Dabei müssen die kostenpflichtigen Stellen noch RM. 3.50 für die Kranken zahlen.

Weil infolge des vielen Verlegens der Kranken kein Arzt und Pfleger sie mehr kennt, wird erzählt, daß die Kranken ihren Namen auf einem aufgeklebten Leukoplaststreifen auf der Schulter tragen, damit im Falle des Todes die Leiche wenigstens identifiziert werden kann."

Einen ähnlichen Bericht hat Dozent Dr. G. Schmidt, Lübeck, über die Anstalt Haar-Eglfing aus den zurückgelassenen Akten und nach Zeugenaussagen zusammengestellt. Er führt das Verhungern der Patienten auf eine Anweisung des bayerischen Innenministeriums zurück. Auszüge dieses Berichtes befinden sich in Dok. NO 3816 PS.

Eine von Anfang an nicht vorgesehene Schwierigkeit machten die Justizbehörden, als sie vom Tode sicherheitsverwahrter Krimineller hörten, die ihnen unterstellt waren. Auch die Anfragen der Vormundschaftsgerichte nach ihren Mündeln häuften sich. Die Schreiben, die auf Anweisung des Reichsjustizministers ihm persönlich vorgelegt werden mußten, redeten teilweise eine deutliche Sprache. Aber nur wenige Vormundschaftsrichter handelten aus eigener Verantwortung wie der von Brandenburg an der Havel, der in einem Brief vom 27. 8. 1940 Verlegungen ohne seine Zustimmung verbot.[22] Zur Information der Justizbehörden wurde eine Versammlung sämtlicher Generalstaatsanwälte und Oberlandesgerichtspräsidenten nach Berlin berufen, wo die Geladenen durch Brack kurz über den Führererlaß und die große Aufgabe der Euthanasie informiert wurden. Eine Photokopie des Erlasses wurde herumgereicht und ungefähr 150 Potographien von schwer deformierten Kranken gezeigt, um diese Kreise für die medizinischen und ethischen Ziele der Aktion aufgeschlossener zu machen. Von Seiten der Justizbehörden ist daraufhin kein weiterer Protest erfolgt.

Das Volk war sich bald darüber klar, was in den Tötungsanstalten vor sich ging und daß die Trostbriefe eine Lüge waren. Eine gutgläubige Frau antwortete zwar voller Dankbarkeit für die ärztlichen Bemühungen auf einen Brief von Dr. Pfannmüller, daß ihr Kind trotz aller getroffenen Maßnahmen gestorben sei; aber nur Wenige werden so vertrauensvoll gewesen sein. Die Gau- und Kreisleiter scheinen als Erste über die wachsende Erregung des Volkes beunruhigt gewesen zu sein. Vielleicht haben Proteste der Kirche [23], die über Brack und Bouhler auch Hitler selber — zunächst ohne praktisches Ergebnis — vorgetragen worden waren, wahrscheinlich aber Himmlers Bedenken, die zur Schließung von Grafeneck im Januar 1941 führten [24], auf Hitler schließlich Eindruck gemacht. Wir erfahren jedenfalls aus den Gerichtsakten, daß im August 1941 Hitler die mündliche Anweisung an Brandt gab, die Euthanasie sei einzustellen.

Die Tötungsanstalten wurden darauf ihrer ursprünglichen Bestimmung wieder zugeführt; die Vergasungsanlagen und die Krematorien wurden abgebrochen, die Tarngesellschaften aufgelöst, das Personal aber meist von den Nachfolgeanstalten übernommen. Es ist verständlich, daß so niemand an den endgültigen Stop der Euthanasie glaubte.

So hören wir auch jetzt aus allen Teilen Deutschlands, nicht mehr aus sechs bestimmten Tötungsanstalten, von der Beseitigung der Geisteskranken durch Ärzte und manchmal sogar nur durch Pfleger. Der Unterschied gegen die erste Euthanasie liegt auf der Hand: in jeder Anstalt, durch jeden Arzt oder Pfleger konnte jetzt möglicherweise der Tod drohen, und es hing nur von den lokalen Umständen ab, ob in einer Anstalt getötet wurde oder nicht. Der Prozeß gegen Prof. Paul Nitsche vor dem Dresdner Schwurgericht hat gezeigt, daß diese von Viktor Brack „wilde Euthanasie" genannten Tötungen auf Anweisung der Euthanasie-Dienststelle im Reichsinnenministerium zurückgingen. Allerdings scheint kein Zwang mehr von Berlin aus auf die Anstaltsdirektoren ausgeübt worden zu sein, Tötungen vorzunehmen; insofern hatte der Terror durch die „Kanzlei des Führers" aufgehört.

Nach Angabe von Dr. Götz[25] erfolgten die Anweisungen von dem leitenden Medizinalbeamten eines Bezirkes oder wenigstens im Einverständnis mit diesen, wobei sich die Gauleitung und SS eingeschaltet haben könnte.

In einzelnen Anstalten wurden Hungerstationen, wo die sog. B-Kost verabreicht wurde, eingerichtet und es wurde davon geredet, durch Entzug von Vitaminen einen besonders schnellen Verfall der Patienten herbeizuführen. Solche Pläne bestanden wohl zunächst nur bei halbgebildeten Gauleitern doch konnten sie früher oder später auch verwirklicht werden, ohne daß sich jemand ihnen entgegenstellte. Die Anstalt Eichberg hatte, wie zahlreiche andere Anstalten, solche Hungerstationen, auf denen die Patienten schnell einer sonst harmlosen Infektion zum Opfer fielen und ohne Spritzen und Tabletten eines natürlichen Todes starben. Da die Pfleger die Essensverteilung nicht überwachten, nahmen asoziale Elemente den apathischen Patienten das wenige Essen fort.

Vom „Abstellbahnhof", wie es die Patienten nannten, der Station für unruhige Kranke des Eichberg, gingen auch weiterhin häufig Transporte nach Hadamar; diesmal in Omnibussen von Transportfirmen, da die der Transportgesellschaft wahrscheinlich mit dem übrigen eingearbeiteten Personal Vergasungen im Osten durchführten. In Hadamar wurde dann dem Tode nachgeholfen. Die Patienten sämtlicher Transporte wurden in wenigen Wochen getötet: Während vor dem Kriege (1936) die Todesziffern der Anstalten ungefähr 4 % der Insassen ausmachten, starben in Eichberg:

1941	470
1942	737
1943	753
1944	583
1945	129 (in drei Monaten)

Die Belegschaft bestand damals aus ungefähr 1500 Patienten. Zum Vergleich haben sich die Verlegungszahlen von Eichberg nach Hadamar von Januar bis August 1941 erhalten: es waren 395 Männer und 389 Frauen. Aus der Anstalt Wiesloch wurden bis 1941 800 Patienten nach Hadamar und Grafeneck verlegt, zwischen 1941 und 1945 600.

Von Hungerstationen und Tötungen durch Gifte hören wir außer bei den hessischen Anstalten noch bei den Anstalten Kaufbeuren, Weinsberg, Obrawalde, Sonnenstein. Wieviel andere Anstalten heimlich Patienten beseitigten, ist nicht zu beweisen; die ersten Opfer waren meist kranke Ostarbeiter. In Obrawalde war die Situation ähnlich wie in Hadamar: der Verwaltungsdirektor zwang die Ärztin Dr. H. Wernicke durch Drohungen, Tötungen durch Einspritzungen vorzunehmen. Prof. Paul Nitsche hatte ein Schema ausgearbeitet, um die kumulierende Wirkung des Luminals zur Vergiftung auszunützen und hat es an 60 Kranken seiner Anstalt Sonnenstein ausprobiert. Dieses Schema ist wahrscheinlich auch in anderen Anstalten verwendet worden.

Der Eichberg, dessen Gutsbetrieb früher die Anstalt reichlich versorgt hatte, mußte auf Anweisung des Landesrats Bernotat die Lebensmittel anderweitig abgeben. Geliefert wurden außer an Bernotats eigenen Haushalt an das Gauerholungsheim Schlangenbad, die BDM-Schule Martinstal, das NSV-Heim Hofheim. Der Wein wurde für die Gauleitung in Wiesbaden beschlagnahmt. Bernotat predigte immer wieder: die Kranken brauchen nichts, schlagt sie tot. Der Verpflegungssatz war auf 32 bis 46 Pfg. in den meisten Anstalten, die Hungerstationen hatten, heruntergegangen, während für jeden Patienten ein Tagessatz von RM. 1.80 bis RM 2.50 vom Fürsorgeverband gezahlt werden mußte. Es ist also auch vom wirtschaftlichen Standpunkt aus verständlich, daß Bernotat die Anstalten voll haben wollte. Zu dem Zweck beantragte er immer aufs neue Verlegungen aus den westfälischen Anstalten in die nassauischen, wo die Patienten verhungerten, aber angeblich vor Bombenangriffen gesichert waren.

Der Eichberg hatte ein Altersheim, die Rheinhöhe, das besonders berüchtigt war. Von 8 alten Damen, die im März 1945 aus dem Altersheim Katzenellenbogen dorthin verlegt wurden, starben 5 vorher völlig gesunde in wenigen Wochen. Darunter befand sich auch eine Frau Henkel, die schon 1943 nahe dem Tode durch ihren Sohn aus der Anstalt Eichberg gerettet worden war. Der Sohn gab eine fürchterliche Schilderung der Zustände auf dem Eichberg. Auch nach Aussagen Dr. B.'s, eines morphinistischen Patienten und Arztes, war der Zustand bettlägeriger Kranken, die auf halbverfaulten Strohsäcken auf dem Boden lagen und nur minimale Portionen bekamen, sehr schlecht, während er die therapeutischen Maßnahmen als gut schilderte.

Dem Personal, wenn es politisch einwandfrei war, wurde alles erlaubt. So wurde einmal entdeckt, daß ein Büroangestellter eine geheilte Patientin, die weiter dort beschäftigt war, vergewaltigt hatte. Es gelang nicht, den Angestellten zu entlassen, sondern er wurde nach eintägiger Haft auf Veranlassung Bernotats wieder in sein Amt eingesetzt, weil er PG seit 1926 war. Bernotat erteilte in diesem Fall dem Leiter einen scharfen Verweis, daß er eine Lappalie so aufgebauscht habe. Der Gartenmeister Emil Nucklies aus Eichberg hingegen, ein bekannter Antifaschist, war der allgemeinen Verfolgung ausgesetzt. Dr. Mennecke versuchte sogar, ihn als Geisteskranken in die Anstalt zu bringen.

Es wurden auch bei dieser Phase der Euthanasie gesunde Menschen getötet. So wurde zum Beispiel Wilhelm Wippermann, der wegen Volksverrat 1942 zu 4jähriger Zuchthausstrafe verurteilt war und der Anstalt Eichberg zur Sicherungsverwahrung übergeben wurde, am 5. 3. 43 von seinen „unheilbaren Leiden“ durch eine „Darmtuberkulose“ erlöst.

In einzelnen Fällen wurden für die Tötungen von Jugendlichen und Erwachsenen Ermächtigungen des „Reichsausschusses“ auf Vorschlag der Anstalt eingeholt. Dies sollte nach Dr. Mennecke ein Ersatz für die Euthanasie Erwachsener sein, während der Reichsausschuß ursprünglich nur für Kinder bis 10 Jahren zuständig war.

In Hadamar blieb die Euthanasie keineswegs auf den Personenkreis beschränkt, der unter der amtlichen Euthanasie getötet worden war. Der „Direktor“ Klein war der Auffassung, daß alles, was in die Anstalt kam, auch getötet werden müsse, wie z. B. die jüdischen Mischlingskinder, denen er zum Schein Unterricht gab. Und während es dem damaligen ärztlichen Leiter Dr. Wahlmann gelang, Neuaufnahmen gesund zu entlassen, wurden kranke Ostarbeiter ihm gar nicht vorgeführt, sondern auf einer Sonderabteilung auf Kleins Anweisung vergiftet.

Im Allgemeinen galt die Euthanasie bis vor kurzem als wilde Aktion der SS, die Euthanasie-Organisation ist geheim geblieben. Während in Deutschland die SS nur wenig mit der Euthanasie zu tun hatte, machte sie sich im Osten zum ausführenden Organ und räumte sämtliche Irrenanstalten der angegliederten Ostgebiete nach eigenem Ermessen aus. Bei diesen Aktionen scheinen Ärzte nicht einmal beteiligt gewesen zu sein, die Anweisungen erfolgten durch die höheren SS-Führer der betreffenden Gebiete.

Die öffentliche Meinung, der es gelungen war, die noch relativ geordneten Tötungen der Vergasungsanstalten zu unterbinden, war nicht imstande, das Töten zu verhindern, das nun überall unkontrolliert anfangen konnte. Wenn schon Heyde sich, wie er sagte, überzeugt hatte, daß die Euthanasie „praktisch im bestorganisierten Staate nicht durchführbar ist," so ist es sicher, daß eine Tötung immer Hunderte von anderen nach sich ziehen wird, wenn nicht eine völlige Abkehr von den Ideen, aus denen die Tötungen entsprangen, eintritt. Es kann kein Zweifel sein, daß auch die Durchführung der Euthanasie, geboren aus einer mißleiteten Anschauung über die Natur des Menschen und den Sinn seines Lebens, mit zu jener Auflösung aller Ordnungen beigetragen hat, an der wir heute noch kranken.

DIE TÖTUNG VON KONZENTRATIONSLAGERHÄFTLINGEN IN EUTHANASIEANSTALTEN („AKTION 14 F 13")

Die Bezeichnung 14 f 13 scheint ursprünglich ein Aktenvermerk für den dienstlichen Verkehr im Wirtschaftsverwaltungshauptamt der SS Abt. KL gewesen zu sein und zur Buchung von Todesfällen und Hinterlassenschaften gedient zu haben. Später wurde damit die Vergasung von KZ-Häftlingen in Euthanasieanstalten bezeichnet. Die Auswahl der Häftlinge erfolgte durch eine ärztliche Kommission, deren Tätigkeitsausweise im Folgenden gezeigt werden soll. Nach Aussagen Bracks wurde die Kommission auf Wunsch Himmlers gebildet (Protokoll S. 7636):

> „Ich habe geglaubt, daß Himmler wieder menschlicher geworden sei, als ich im Sommer 1941 von Bouhler mitgeteilt bekam, daß Himmler beabsichtige, die Schwerstkranken in den KLs auf ihren Gesamtzustand sowohl körperlich als auch psychisch-geistig untersuchen zu lassen. Himmler hatte Bouhler gebeten, ihm neutrale Ärzte zur Verfügung zu stellen, da er selbst in die Fachkenntnisse der Lagerärzte nicht genügend Vertrauen habe. Bouhler hat mich also beauftragt, mich damals mit der T4 (Euthanasie-Dienststelle) in Verbindung zu setzen, um dort fragen zu lassen, ob sie nicht

zuließen, daß erfahrene Psychiater abgestellt würden, um Häftlinge in den KLs zu untersuchen. Ich habe diesen Auftrag durchgeführt."

Ein Mitglied dieser Kommission, Dr. Fritz Mennecke, damals Leiter der Anstalt Eichberg, hat ausführlich über die Arbeit dieser Kommission als Zeuge ausgesagt. Es sind auch die Briefe, die er von seinen damaligen Dienstreisen an seine Frau schrieb, erhalten. (Dok. NO 907.) Der folgende Brief ist datiert vom 25. 11. 1941, also nach der Einstellung der offiziellen Euthanasie-Aktion.

„Der erste Arbeitstag in Buchenwald ist beendigt. Wir waren um 8.30 heute früh draußen. Ich stellte mich zunächst bei den maßgebenden Führern vor. Anschließend folgte dann die „Untersuchung" der Patienten, das heißt eine Vorstellung der Einzelnen und Vergleich der aus den Akten entnommenen Eintragungen. Hiermit wurden wir bis Mittag nicht fertig, denn die beiden Kollegen gestern haben nur theoretisch gearbeitet. Um 12 Uhr machen wir erst Mittagspause. Danach untersuchten wir noch bis gegen 16 Uhr, und zwar ich 105 Patienten, Müller 78 Pat., so daß also damit endgültig als erste Rate 183 Bogen fertig waren. Als zweite Portion folgten nun insgesamt 1200 Juden, die sämtlich nicht ‚untersucht' werden, sondern bei denen es genügt, die Verhaftungsgründe (oft sehr umfangreich!) aus der Akte zu entnehmen und auf die Bogen zu übertragen. Es ist also eine rein theoretische Arbeit, die uns bis Montag einschließlich in Anspruch nimmt. Von dieser zweiten Portion (Juden) haben wir heute dann noch gemacht, ich 17, Müller 15. Punkt 17 Uhr ‚warfen wir die Kelle weg' und gingen zum Abendessen. Nach den Juden folgen noch etwa 300 Arier als dritte Portion, die wieder ‚untersucht' werden müssen."

Es haben sich in Dr. M's Papieren, zum Teil als Durchschläge von Privatbriefen verwendet, einige ausgefüllte KZ-Bogen erhalten, die für sich selber sprechen :

Vor- und Zuname des Patienten: *Kohlstädt, Walter Israel*

Geburtsdatum: *8. 11. 09* Ort: *Hamburg* Kreis: *Hamburg*

Letzter Wohnort: "

ledig, verh., verw. od. gesch.: *gesch.* Konf.: *ev.* Rasse *: *Jude*

Angestellter Staatsangehörigkeit: *D. R.*

Anschrift der nächsten Angehörigen:
Regelmäßig Besuch u. von wem (Anschrift):
Vormund od. Pfleger (Name, Anschr.):
Kostenträger: Seit wann in dort. Anst.: *21. 11. 41*
In anderen Anst. gewesen, wo u. wie lange:
Seit wann krank: Woher u. wann eingeliefert:
Zwilling: ja/nein Geisteskranke Blutsverwandte:
Diagnose: *Triebhafter haltloser Psychopath*
Hauptsymptome: *Fortgesetzte Rassenschande, lange Freiheitsstrafen*
Vorwiegend bettlägerig: ja/nein
Sehr unruhig: ja/nein In festem Haus: ja/nein
Körperl. unheilb. Leiden: ja/nein Kriegsbesch.: ja/nein
Bei Schizophrenie: Frischfall, Endzustand, gut remittierend
Bei Schwachsinn: debil, imbezill, Idiot
Bei Epilepsie: psych. veränd. Durchschn. Häufigk. d. Anf.:
Bei senilen Erkrankungen: stärker verwirrt, unsauber
Therapie (Insulin, Cardiazol, Malaria, Salvarsan usw.):
Dauererfolg: ja/nein
Eingewiesen auf Grund § 51, § 42b Str.GB. usw. durch:
Delikt: Frühere Straftaten:
Art der Beschäftigung: (genaueste Bezeichnung der Arbeit u. d. Arbeitsleistung, z. B. Feldarbeit., leistet nicht viel — Schlosserei, guter Facharbeiter. — Keine unbestimmten Angaben, wie Hausarbeit, sondern eindeutige: Zimmerreinigung usw. Auch immer angeben, ob dauernd, häufig od. nur zeitw. beschäftigt.)
Ist mit Entlassung demnächst zu rechnen:
Bemerkungen:

Neuengamme, den

Unterschrift des ärztl. Leiters od. seines Vertreters

* Deutschen od. artverwandten Blutes (deutschblütig), Jude, jüd. Mischling I. od. II. Grades, Neger (Mischling), Zigeuner (Mischling) usw.

Der am 6. 10. 1896 in Litzmannstadt geborene Heizer Wolf Israel Noack hat als Diagnose „Deutschfeindliche Gesinnung“, seine Hauptsymptome sind: „Namhafter Funktionär der KPD, schwerer Hetzer und Wühler“.

Oppenheim, Alfred Israel, geboren 14. 11. 1906 in Düsseldorf, Kaufmann, ist auch ein „psychiatrischer“ Fall. Diagnose: „Fanatischer Deutschenhasser und asozialer Psychopath“ (!). Symptome: „Eingefleischter Kommunist, wehrunwürdig“.

Es wurden also die gleichen Vordrucke verwendet wie in den Anstalten, und die aus Gerichtsakten übernommenen oder von der SS-Mannschaft eingetragenen Bemerkungen auf den Lagerpapieren wurden kopiert, ohne daß sich die Ausfüllenden an der offensichtlichen Unsinnigkeit der „Diagnose“ stießen.

Der Beginn der Aktion 14 f 13 und die Tätigkeit der Kommission in den Lagern selbst wird auch von dem Lagerarzt Dr. Hoven von Buchenwald und von Dr. Muthig aus Dachau in eidesstattlichen Versicherungen beschrieben (Dok. NO 429 und Dok. NO 2799). Dr. Hovens Schilderung der Vorgänge in Buchenwald lautet:

> „1941 erfuhr ich, daß das sogenannte ‚Euthanasieprogramm‘ zur Ausrottung der Schwachsinnigen und Krüppel in Deutschland durchgeführt wurde. Der Lagerkommandant Koch rief damals alle maßgeblichen SS-Führer des Lagers zusammen und gab ihnen bekannt, daß er von Himmler einen Geheimbefehl erhalten habe, daß alle schwachsinnigen und verkrüppelten Häftlinge des Lagers getötet werden sollten. Der Lagerkommandant erklärte, daß auf Befehl vorgesetzter Dienststellen in Berlin alle jüdischen Häftlinge des Konzentrationslagers Buchenwald mit in diesen Ausrottungsprogramm einbegriffen werden sollten. Gemäß dieser Befehle wurden 300 bis 400 jüdische Gefangene verschiedener Nationalitäten zur Ausrottung in die ‚Euthanasiestation‘ in Bernburg geschickt. Ein paar Tage später erhielt ich von dem Lagerkommandanten eine Namensliste der in Bernburg ausgerotteten Juden mit dem Auftrag, gefälschte Todesurkunden auszustellen. Ich habe diesen Befehl befolgt. Diese Sonderaktion wurde unter dem Decknamen 14 f 13 durchgeführt.“

Dr. Muthig beschreibt im Einzelnen die Tätigkeit der Kommission in Dachau:

> „Im Herbst 1941 bei einem dienstlichen Besuch bei Dr. Lolling (oberster Arzt im SS-Wirtschaftsverwaltungshauptamt Abt. KL.) in meinem Revier wurde mir von ihm mitgeteilt, daß in kurzer Zeit eine Kommission aus 4 Ärzten bestehend, unter der Leitung von Prof. Heyde das Konzentrationslager Dachau besuchen werde. Die Aufgabe dieser Kommission sei die, arbeitsunfähige KZ-Häftlinge zur Verlegung zwecks Euthanasie zu erfassen und sie nach dem Konzentrationslager Mauthausen zur Vergasung zu verlegen. Kurze Zeit nach dieser

Besprechung mit Dr. Lolling erschien die angemeldete Kommission. Sie bestand aus 4 Psychiatern, die Leitung der Kommission hatte Prof. Heyde, der auch selbst dabei war. Ich selbst sowie die anderen Lagerärzte hatten mit der Kommission und deren Arbeit nichts zu tun. Ich sah aber, wie diese 4 Ärzte zwischen 2 Baracken an vier getrennten Tischen saßen und viele Hunderte von KZ-Häftlingen waren vor ihnen angetreten und mußten einzeln zu irgendeinem der Ärzte herantreten. Dort wurden die einzelnen KZ-Häftlinge an Hand ihrer Arbeitsunfähigkeit und ihrer politischen Akten überprüft und dementsprechend ausgesucht. Ich weiß, daß diese Kommission sich nur wenige Tage in Dachau aufhielt und daß es ihr unmöglich war, diese vielen KZ-Häftlinge in dieser kurzen Zeit medizinisch zu untersuchen. Die Untersuchung bestand lediglich in der Überprüfung der Akte in der Gegenwart des Häftlings. . . . Einige Wochen nachdem diese Kommission das Konzentrationslager Dachau verließ, im Dezember 1941, ging der Transport von mehreren Hundert KZ-Häftlingen, die von der Kommission der Psychiater ausgesucht waren, nach dem Konzentrationslager Mauthausen zwecks Vergasung ab. Ein weiterer Transport ebenfalls von der Kommission ausgesuchter KZ-Häftlinge, welcher auch aus mehreren Hunderten bestand, ging im Januar 1942 nach dem Konzentrationslager Mauthausen ab. Ob weitere Transporte erfolgten, kann ich nicht beschwören, da ich kurz nach dem zweiten Transport aus dem Konzentrationslager Dachau versetzt wurde."

Die Anweisung an die Lagerkommandanten der einzelnen Lager erfolgte in einem Rundschreiben des Reichsführers SS, Inspekteur der Konzentrationslager unter dem Aktenzeichen 14 f 13 als Geheime Reichssache. Das Schreiben, das im KL-Groß-Rosen am 12. 11. 1941 einging, hat folgenden Wortlaut (Dok. NO 1151-C-BS):

„Wie den Lagerkommandanten der Konzentrationslager Dachau, Sachsenhausen, Buchenwald, Mauthausen und Auschwitz mit dem Bezugschreiben mitgeteilt wurde, wird in der nächsten Zeit die Ärzte-Kommission die vorgenannten Konzentrationslager zur Ausmusterung von Häftlingen aufsuchen. Für die Konzentrationslager Flossenbuerg, Groß-Rosen, Neuengamme und Niederhagen ist die erste Januarhälfte 1942 für diese Überprüfung vorgesehen.

Da die zur Verfügung stehenden Ärzte sehr stark in Anspruch genommen sind, müssen die Überprüfungsarbeiten in den Konzentrationslagern, soweit es irgend geht, abgekürzt werden.

Nach Abschluß der Überprüfungen ist dem Inspekteur der Konzentrationslager Bericht zu erstatten, dabei ist die Zahl der der Sonderbehandlung ‚14 f 13' zugeführten Häftlinge zu melden."

Nach den Akten wurden die Häftlinge in Groß-Rosen am 16. und 17. Januar 1942 von Dr. Mennecke untersucht. Am 24. und 26. 3. 1942 wurden je 107 Häftlinge in der Anstalt Bernburg vergast. — Eine Blockaussonderung des Schutzhaftlagers vom 16. 12. 1941 umfaßt 293 Häftlinge, wobei ausdrücklich vermerkt wird, daß „die verlangte Häftlingszahl mit 43 überschritten wurde, um für den zu einem späteren Termin geplanten Transport den notwendigen Spielraum für eventuelle Abgänge zu haben". (Dok. NO 1151-G-PS).

Es stellte sich heraus, daß die Vernichtungsaktionen der deutschen Konzentrationslager zu krasse Formen annahmen. Zwei Rundschreiben an die Lagerkommandanten mit dem Aktenzeichen 14 f 13 vom 28. 3. 1943 sind in dieser Hinsicht aufschlußreich.

Das erste Rundschreiben lautet (Dok. NO 1151-P-PS und NO 1007):

„Durch die Meldung eines Lagerkommandanten wurde bekannt, daß von 51 für die Sonderbehandlung 14 f 13 ausgemusterten Häftlingen 42 dieser Häftlinge nach einiger Zeit wieder arbeitsfähig wurden und somit der Sonderbehandlung nicht zugeführt werden brauchten. Hieraus ist ersichtlich, daß bei der Auswahl dieser Häftlinge nicht nach den gegebenen Bestimmungen verfahren wird. Es dürfen der Untersuchungskommission nur solche Häftlinge zugeführt werden, die den gegebenen Bestimmungen entsprechen und vor allen Dingen nicht mehr arbeitsfähig sind. Um die den Konzentrationslagern gestellten Arbeitsaufgaben durchführen zu können, muß jede Häftlings-Arbeitskraft dem Lager erhalten werden. Die Lagerkommandanten der

Konzentrationslager werden gebeten, hierauf ihr besonderes Augenmerk zu richten.“

Das zweite Rundschreiben:

„Der Reichsführer SS und Chef der Deutschen Polizei hat auf Vorlage entschieden, daß in Zukunft nur noch geisteskranke Häftlinge durch die hierfür bestimmten Ärztekommissionen für die Aktion 14 f 13 ausgemustert werden dürfen. Alle übrigen arbeitsunfähigen Häftlinge (Tuberkulosekranke, bettlägerige Krüppel usw.) sind grundsätzlich von dieser Aktion auszunehmen. Bettlägerige Häftlinge sollen zu einer entsprechenden Arbeit, die sie auch im Bett verrichten können, herangezogen werden. Der Befehl des Reichsführers ist in Zukunft genauestens zu beachten.“

Es ist aber nicht feststellbar, daß arbeitsunfähige Kranke von da ab menschlicher behandelt wurden. Unmenschliche Behandlung lag im Sinne des Systems der Konzentrationslager und gelegentliche Reformversuche zur rationaleren Ausnützung der Arbeitskraft der Häftlinge konnten nie durchdringen, solange der tiefere Sinn der Lager in der Ausrottung des „Untermenschentums“ bestand.

Es ist schwer verständlich, daß Fachärzte sich zu den reinen Schreiberdiensten, wie die von Dr. M. verlangten, hergaben, ohne zu protestieren. Überhaupt haben sich die SS-Ärzte, z. B. der Ostgebiete, mehr zu Vernichtungen als zur Heilung Kranker mißbrauchen lassen. Dr. M. nannte seine Arbeit in den KZs „rein theoretisch“; obwohl er sich klar war, daß es keine ärztliche Arbeit war, die von ihm verlangt wurde, füllte er jeden Bogen gewissenhaft aus, trotz der offensichtlichen Sinnlosigkeit seiner Diagnosen“. Wie er selber sagte: „Was ich mache, mache ich richtig, Halbheiten kenne ich nicht, obwohl ich oft andrer Ansicht gewesen bin.“

DIE VERANTWORTUNG DER ÄRZTE FÜR DIE EUTHANASIE

Das Wort „verantwortlich“ ist im Nationalsozialismus ebenso mißbraucht worden, wie die meisten anderen Wörter eines vermeintlich überwundenen „individualistischen“ Zeitalters. Das Wort bedeutete nicht mehr, daß ein Mensch nach allgemeingültigen Normen die ganze Verantwortung für die Geschehnisse in seinem Aufgabengebiet zu tragen und auch für die sachgemäße Durchführung einer Aufgabe einzutreten hat. Verantwortlich sein hieß jetzt, von der Staatsautorität mit einer Aufgabe betraut zu sein und sie nur im Sinne des Staates lösen zu dürfen, auch wenn die Lösung der Sachkenntnis des Beauftragten widerspricht. Der Nationalsozialismus erzog jeden Einzelnen und auch den Arzt dazu, in dem „Führer" die höchste Personifizierung des Menschen und der politischen Idee zugleich zu sehen; das ganze Leben in Deutschland wurde durch den Willen dieses Einzelnen bestimmt. Immer wieder sind darum verantwortliche Menschen, die auch dem neuen Staat ihre Sachkenntnis zur Verfügung stellten, in den Jahren nach 1933 aus dem Staatsdienst ausgeschieden, weil ihr Verantwortungsgefühl vergewaltigt wurde; es gab keine Stelle, wo sie sich Gehör verschaffen konnten. So ist es auch eine Irreführung, wenn von Karl Brandt und Viktor Brack immer wieder betont wird, daß die Ärzte der Euthanasie-Anstalten verantwortlich handelten; und Hitlers Erlaß „Prof. Karl Brandt und Reichsleiter Philipp Bouhler sind unter Verantwortung beauftragt", bedeutet eine bloße Phrase, höchstens eine Rükkendeckung, ein Abschieben der Verantwortung.

Es ist ein Trugschluß zu glauben, daß ärztliches Bemühen die Summe der Krankheit und des Leides vermindern könnte. Auch das gesündeste Leben endet im Tode und enthält das für das Menschsein notwendige Maß an Leiden. Die großen Fortschritte der Medizin am Ende des vorigen Jahrhunderts verschleierten diese Grundbedingung des Lebens und verführten zu der Auffassung, daß letzten Endes jede Krankheit einmal heilbar werden oder wenigstens auf eine pathologisch bekannte Ursache zurückgeführt werden könne und so des Grauens vor dem Unbekannten entkleidet werde.

So waren auch manche Ärzte, die im Euthanasie-Programm mitarbeiteten, von einem naiven Idealismus beseelt; sie wollten dem Einzelnen und der Gemeinschaft in jedem Krankheitsfall helfen, sie wollten aktiv das Leid der Krankheit bekämpfen, — im äußersten Fall durch den Tod. Im Sinne eines solchen falsch verstandenen Idealismus wurde auch auf die jungen Ärzte durch die Beamten der Kanzlei des Führers und vor allem durch Brack selber eingewirkt. Neben dem Terror war dies im Kampf um die Euthanasie die stärkste Waffe gegen die ältere Ärztegeneration. Man glaubte, eine neue und bessere Lösung des uralten Problems der Behandlung unheilbarer Geisteskrankheiten gefunden zu haben. Die Vertreter dieser Auffassung fühlten sich als die Ersten, die es wagten auszusprechen, daß Ärzte bei ihrer Arbeit nicht nur heilen, sondern auch vernichten, wie zum Beispiel bei einer Operation. Auf den biologisch aufgefaßten Volkskörper übertragen, hieß das, die Ausmerzung eines Teiles des Volkes vornehmen, zum Wohle der übrigen Gemeinschaft und zur Erlösung des einzelnen Leidenden. Der einzelne Kranke und seine Gesundung interessierte den Arzt der Gemeinschaft nur insofern, als er der Gemeinschaft diente und ihr eingeordnet war, nicht als hilfsbedürftiger Mitmensch. So kam es auch zu den Richtlinien, nach denen Ärzte während des Krieges ihre arbeitsunfähigen Kranken behandeln sollten. Darin wurde eine kurze und radikale Operation, zum Beispiel eine Amputation, die den Kranken bald wieder arbeitsfähig machte, wenn auch um den Preis der Verstümmelung, einer langwierigen Behandlung vorgezogen, für die die Kasse nicht mehr aufkommen sollte.

Ein unechter Idealismus des „Opfers“ ist es, der einzelnen Vertretern der Euthanasie die subjektive Überzeugung verantwortungsvollen ärztlichen Handelns gegeben haben mag. Brandt selbst ist sicher ein Vertreter dieses Typus; er hat in seinem Nürnberger Schlußwort Zeugnis davon gegeben. Er hatte als junger Chirurg Rückenmarkverletzte zu betreuen, die in ihren Schmerzen und ihrer hoffnungslosen Lage ihn oft um die erlösende Spritze anflehten. Die Not dieser Kranken prägte sich ihm tief ein. Aus seinen langen Verhören ging deutlich hervor, daß er sich ernsthaft mit den Problemen beschäftigt hatte, allerdings nur in einem engen Kreis Gleichgesinnter. Und es beleuchtet die tragische, isolierte Lage junger Nationalsozialisten, wenn er in seinem Schlußwort sagt, daß Pastor von Bodelschwingh als Einziger ihm begegnet sei, der ernste Argumente gegen die Euthanasie gehabt habe. Victor von Weizsäcker weist in seinem schon zitierten Werk darauf hin, daß die Medizin selbst an einer solchen Situation nicht unschuldig ist: „Die Medizin hatte sich sehr verengt auf eine naturwissenschaftliche Technik, die den Menschen nur als Objekt behandelte, anstatt den Menschen, der sich selbst zum Individuum und zur Gemeinschaft hin transzendiert, ins

Auge zu fassen. Darum hat sie auch die Idee des Opfers in sich selbst nicht mehr gekannt und nicht realisiert. Darum wurde sie nun anfällig für die Idee des Opfers, die ihr nun von außen und in entwerteter und verlogener Gestalt aufgedrängt wurde.“ Und er spricht seine Überzeugung aus, daß es uneinsichtig sei, diese Macht des Opfergedankens zu übersehen: „Ich behaupte, daß seine Verwendung im Nationalsozialismus die allergrößte Bedeutung für seine Macht über viele Gemüter hatte. Ich behaupte ferner, daß die Durchtränkung seiner Ausrottungs- und Ausmerzungsmaßnahmen mit der Opferidee vielleicht deren gefährlichste Kraft war.“

Daß aber in der praktischen Durchführung der Euthanasie auch für den „Idealisten“ keine echte Verantwortungsfreiheit bestand, daß sie durch Bürokratisierung des Verfahrens systematisch verfälscht und durch persönliche Beeinflussung weitgehend ausgeschaltet wurde, ist deutlich aus allen Zeugnissen zu entnehmen. Angesichts dieser Umstände wirken auch die subjektiv wahrscheinlich ehrlichen Aussagen Brandts im Nürnberger Prozeß (Prot. S. 2436) wie Ironie:

> „Es war jeder einzelne Arzt selbst verantwortlich für das, was er innerhalb dieser Maßnahmen, die bis zur Euthanasie, bis zum Ende, führten, zu tun hatte. Der eine Arzt war absolut selbstverantwortlich für die Art seiner Beurteilung, die er in dem Gutachten aussprach, der Obergutachter ebenso. Es war ebenso verantwortlich der Arzt der Beobachtungsanstalt wie der Arzt in der Euthanasie-Anstalt. Es ist unter keinen Umständen so aufzufassen, daß der in diesem Rahmen verpflichtete Arzt nun zur Durchführung einer Euthanasie verpflichtet gewesen wäre, wenn er nicht selbst, auf Grund seiner eigenen Entscheidung damit einverstanden war. Er hatte umgekehrt und im Gegenteil die Verpflichtung, wenn er nicht damit einverstanden ist, unter gar keinen Umständen eine Euthanasie durchzuführen.“

Auf diese Selbstverantwortung der Ärzte führt Karl Brandt es zurück, daß überhaupt Patienten von einer Euthanasieanstalt zurückgestellt wurden. Er nennt einmal 2—4%, einmal 4—6% (Prot. S. 2428). Doch betont er gleichzeitig (Prot. S. 2484), daß die Gutachter in Bezug auf den

Euthanasie-Erlaß gewissermaßen *staatliches* Organ gewesen seien. Im Kreuzverhör wurde Karl Brandt vom Staatsanwalt auch gefragt, wer für die Verbrechen des Euthanasie-Verfahrens verantwortlich sei (Prot. S. 2505): Antwort:

„Ich habe nicht erfahren, daß innerhalb des Programms Verbrechen vorgekommen sind. Wenn Verbrechen vorgekommen wären, — ich unterstelle das —, dann hätten sie nur an der Euthanasie-Stelle selbst vorkommen können. Wobei auch das unwahrscheinlich ist, denn die Kranken, die dorthin gekommen sind, sind durch ein ganzes Relais von Begutachtungen dorthin gekommen. . . . Wenn jemand ein Verbrechen an dieser Stelle in dem Programm begangen hat, dann ist für dieses Verbrechen dieser Betreffende verantwortlich."

Man braucht dieser Aussage Brandts nur die folgende Aussage des Gutachters Dr. Mennecke gegenüberzustellen, um klar zu sehen, was bei den entsprechend ausgesuchten, „politisch einwandfreien" Ärzten aus der persönlichen Verantwortung wurde. Auf die Frage, ob er sich für berechtigt gehalten habe, das Leben der Geisteskranken auf schmerzlose Weise abzukürzen, bemerkt er entwaffnend:

„Ich hatte ja nicht die Aufgabe, das Leben der Geisteskranken abzukürzen, sondern ich hatte die Aufgabe, als ärztlicher Gutachter zu wirken." (Prot. S. 1919).

Aber den maßgebenden Männern der Euthanasie-Aktion war die Selbständigkeit sogar dieses ihren Absichten sonst so entgegenkommenden Arztes noch zu groß. M. erwähnte, daß eindeutige Versuche gemacht worden sind, seine Stellungnahme zu beeinflussen (Prot. S. 1884):

„Ich wurde einmal gelegentlich einer Besprechung in Berlin von Herrn Brack gebeten, am Ende der Besprechung in sein Zimmer zu kommen. In seinem Zimmer eröffnete mir Herr Brack dann, daß es aufgefallen sei, meine Gutachten seien sehr viel negativ und es werden positive Gutachten bei mir vermißt."

Diese Schilderung zeigt deutlich, welcher Druck auf die Ärzte ausgeübt wurde. Die „eigene Verantwortung" jedes Arztes ist zu einem Hohn geworden und hätte nicht zynischer mißbraucht werden können. In welch gewundenem Formalismus sich das Denken eines Mannes wie Brack in der Frage der Verantwortlichkeit bewegt, — sei es aus dem dumpfen Gefühl einer Schuld oder in einer schwer vorstellbaren tatsächlichen Verwirrung seines Funktionär-Bewußtseins — das zeigten seine Antworten auf die Fragen des Vorsitzenden (Richter Beal), als dieser den vergeblichen Versuch macht, durch präzise Einzelfeststellungen die Verantwortung für die Tötung eines bestimmten, einzelnen Patienten festzulegen. Als Beispiel wurde der hypothetische Patient Johann Schmidt gewählt. (Prot. S. 7774 ff.)

„Frage: Wer hat nun den Befehl unterschrieben, daß diesen Leuten die Euthanasie gegeben werden sollte?

Antwort: Bouhler hat die einzelnen Euthanasie-Ärzte unter Beachtung der vorgesehenen Kautelen ermächtigt, den einzelnen Kranken den Gnadentod zu geben. Das bedeutet also, daß sie den Gnadentod geben könnten, wenn das vorgesehene und befohlene Gutachter-Verfahren und Beobachtungs-Verfahren durchgeführt war.

Frage: Gab es einen diesbezüglichen Befehl, der von Bouhler unterschrieben war?

Antwort: Ja, es gab die grundlegende Verpflichtung durch Bouhler für diese Ärzte.

Frage: Wollen Sie sagen, daß diese Leute in den Kammern vergast wurden ohne irgendwelchen schriftlichen Befehl? Wer hat ihn unterschrieben?

Antwort: Ja, den hatte doch Hitler unterschrieben.

Frage: Hitler hat doch die Euthanasie angeordnet, aber er hat nie einen Befehl unterschrieben, daß Joh. Schmidt der Euthanasie zugeführt werden soll. Wer hat den Befehl unterschrieben, daß diese Leute in jenen Anstalten in die Gaskammern geschickt werden sollten?

Antwort: Dazu gab es nicht einen einzelnen Befehl in dieser Art, sondern das war doch eine Folge von Prüfungen und Kontrollen, die entsprach dem, was Hitler in seinem Befehl gewünscht hatte. Sie sagten vorhin, Herr Präsident, Johann Schmidt — darf ich bei diesem Namen bleiben — der Fragebogen Johann Schmidt, der vom Anstaltsarzt seiner Anstalt A. ausgefüllt war, wurde in drei Exemplaren an drei verschiedene Gutachter geschickt. Es war dabei von Bouhler bestimmt worden, daß diese drei Gutachter nicht behandelnde Ärzte des Patienten sein durften. Sie schickten nach ihrer Begutachtung ihre Fragebogen wieder in die Tiergartenstraße 4 zurück. Von dort wurden nun von den drei Fragebogen übertragen auf einen vierten Fragenbogen, die Begutachtung dieser drei Ärzte und dieser vierte Fragebogen, auf dem wieder Johann Schmidt stand, enthielt noch zusätzlich nun die Begutachtung der drei verschiedenen Gutachter. Der Obergutachter hat dann entschieden, ob dieser Johann Schmidt in eine Beobachtungsanstalt zu verlegen ist oder nicht. Wenn er entschieden hat, daß er in eine Beobachtungsanstalt zu verlegen ist, hat er das dem Innenministerium mitgeteilt. Das Innenministerium hat dann veranlaßt die Verlegung des Johann Schmidt aus der Anstalt A., der er zugehörte, in eine Beobachtungsanstalt. In dieser Beobachtungsanstalt war ein Arzt beauftragt, diese Patienten zu beobachten. Wenn seine Beobachtungen mit dem Begutachtungsergebnis dieser Gutachter und Obergutachter übereinstimmten, dann hat er das listenmäßig an die Tiergartenstraße 4 gemeldet oder die Obergutachter haben das persönlich mit ihm bei einem Besuch seiner Anstalt auf Grund der Untersuchung der einzelnen Patienten festgelegt. Dann wurde durch das Innenministerium der Beobachtungsanstalt die Zusammenstellung der Kranken gegeben, die nun in die Euthanasie-Anstalt verlegt werden sollten und in die Euthanasie-Anstalt ist dann von der Tiergartenstraße 4 auch diese Fotokopie, die der Obergutachter zuletzt mit dem Beobachtungsvermerk versehen hat, abgegeben worden, damit der Euthanasie-Arzt alle Unterlagen über den Patienten in der Hand hatte, denn er mußte ja letzten Endes allein entscheiden, ob er auf Grund der vorliegenden Begutachtungsunterlagen dem Patienten den Gnadentod geben wollte oder nicht.

Frage: Der gab den endgültigen Befehl zur Durchführung der Euthanasie in Bezug auf Johann Schmidt oder irgendwelcher anderer Geisteskranken?

Antwort: Nein, der hat keinen Befehl gegeben, sondern er hat die Euthanasie durchgeführt.

Frage: Nun, auf wessen Weisung haben sie die Euthanasie durchgeführt, auf Weisung des Innenministeriums?

Antwort: Auf keine Anordnung, sondern auf Grund der einen durch Führerbefehl erteilten Ermächtigung.

Frage Sie haben also einfach auf Grund der Fragebogen gehandelt, und die Euthanasie auf Grund ihrer Beurteilung auf den Fragebogen durchgeführt.

Antwort: Ärztlich handelten sie auf Grund der Fragebogen und Untersuchungen der Krankengeschichte. Rechtlich konnten sie nur handeln auf Grund der Führerermächtigung oder des Führererlasses.“

Das Beispiel zeigt, wie die Anonymität des Einzelnen — sei er Arzt oder Patient — durch das verwickelte Gutachtersystem aufrechterhalten wurde. Der Arzt als Funktionär einer Dienststelle war somit jeglicher persönlichen Verantwortung entkleidet und war sich dessen bewußt; sein Erstaunen in den Euthanasieprozessen, als ihm die volle Verantwortung für das Geschehene aufgebürdet wurde, wird so verständlicher.

Die Ärzte der Durchgangsanstalten, in Hessen der Anstalten Herborn und Weilmünster, waren in einer besonders hilflosen Lage: zu ihnen kamen die großen Transporte, die teilweise nur einige Tage in der Anstalt blieben, bevor sie nach Hadamar verlegt wurden. Es war nach Aussagen des Leiters von Weilmünster und des Leiters von Herborn ausdrücklich untersagt, sich mit den Durchgangspatienten zu beschäftigen. Sie waren zwar in einem sehr schlechten Zustand, beide Ärzte hatten aber den Eindruck, daß sich unter ihnen Kranke befanden, deren Zustand hätte gebessert werden können. Prof. Heyde versuchte diese Durchgangsanstalten, die zuerst zur Tarnung der Verlegungen eingerichtet worden waren, als Beobachtungsanstalten umzubauen, um eine weitere Sicherung der Patienten zu erreichen. Dieser Begriff der „Beobachtungsanstalt“ spielte in den Aussagen Bracks und Brandts im Nürnberger Prozeß eine große Rolle; dort sollte, wie sie behaupteten, noch einmal eine gründliche Überprüfung der Begutachtungen stattfinden. In der Praxis, wie sie in den Anstalten Weilmünster und Herborn betrieben wurde, war von solcher Überprüfung keine Rede, nach wie vor bestand die Anweisung, die Durchgangspatienten sich selbst zu überlassen. Man sagt sich unwillkürlich nach Kenntnis dieses praktischen „Funktionierens“ der Euthanasie-Aktion, daß die Auswahl des an ihr mitwirkenden Personenkreises sehr überlegt durchgeführt worden sein muß. Es war nach Aussagen Viktor Bracks schwierig, geeignete Ärzte zu finden, da der Parteikanzlei keine Fachleute bekannt waren (Prot. S. 7661):

> „Es war Brandt kein Psychiater, Bouhler kein Arzt. Die Beauftragung dieser beiden dürfte ja nur der Ausdruck eines besonderen Vertrauens von Hitler für eine korrekte und saubere Durchführung gewesen sein. Wir mußten also Sachverständige gewinnen, die auf der Linie der Euthanasie standen und bereit waren, mitzuarbeiten. Bouhler kannte Prof. Heyde aus irgend einer andern Angelegenheit, andere Psychiater waren aber weder Bouhler noch mir bekannt. Es bat mich deshalb Bouhler, mich darum zu bemühen, die Adresse Heydes zu ermitteln; und so kam ich zum erstenmal mit Himmler hinsichtlich der Euthanasie in Berührung. Denn anders war Heyde, von dem Bouhler weder den Namen noch die Adresse noch sonst etwas wußte, nicht zu ermitteln, als eben durch die Tatsache, daß er SS-Angehöriger war. Bei dieser Gelegenheit hat Himmler auch gleichzeitig Bouhler die schon zugesagte Unterstützung nochmals wiederholt. Ob Grawitz weitere Sachverständige benannt hat, weiß ich nicht. Ich weiß aber, daß Dr. Linden eine Anzahl von Ärzten Bouhler benannt hat. Es gehörten ja, nach meiner Erinnerung, sechs, wenn nicht mehr Ordinarien deutscher Hochschulen zu diesen Gutachtern und Sachverständigen.“

In seinem Kreuzverhör (Prot. S. 7812) bezeichnet Brack Dr. Linden vom Innenministerium und den Reichsarzt SS Dr. Grawitz als die Stellen, die ihm die Namen von zuverlässigen Ärzten angaben. Prof. Heyde hatte verschiedentlich Differenzen mit Brack, der die von ihm vorgeschlagenen, fachlich gut geschulten Kräfte als politisch nicht zuverlässig ablehnte und dadurch das ärztliche Niveau der in der Euthanasie-Aktion beschäftigten Ärzte niedrig hielt.

Die Person und die Tätigkeit Dr. Lindens, der durch Selbstmord sein Leben beendet haben soll, verdient an dieser Stelle noch einen kurzen Blick. Linden scheint die radikale Euthanasie vertreten zu haben. Zwischen seiner Dienststelle im Innenministerium und dem Amt Bouhler war ein Streit um die Befehlsgewalt im Amt Tiergartenstraße 4, dem Sitz der Organisation der Euthanasie. Die Leiter dieses Amtes unterstanden Dr. Linden als Beamte des Innenministeriums. Brack schilderte die Verhältnisse in seiner Zeugenaussage (Prot. S. 7653) und versuchte dabei, seine eigene Rolle möglichst unbedeutend erscheinen zu lassen, was den wirklichen Verhältnissen nicht entsprach.

„Dr. Linden gehörte zur Gesundheitsabteilung des Innenministeriums, die von Conti geleitet wurde. Er war Reichsbeauftragter für Heil- und Pflegeanstalten. Zusätzlich hat aber Linden auch den Reichsausschuß zur Erfassung erb- und anlagebedingter schwerer Leiden geleitet. Das ist aber keine staatliche Stellung, sondern eine Funktion gewesen.

Er war Arzt, nach meiner Erinnerung sogar Psychiater. Was er im Einzelnen an medizinalpolitischen Zielen verfolgte, kann ich nicht sagen. Er hat auf jeden Fall eine große Medizinalverwaltungspraxis gehabt. Er unterstand zunächst Frick, bis 1943 nicht unmittelbar, sondern mittelbar über Conti. Später, ab 1943, ja Himmler.

Im Zuge der Durchführung der Euthanasie nahm Linden einen immer stärkeren Einfluß auf die Durchführung. Es war für mich eine Beruhigung zu wissen, daß das Reichsinnenministerium an einer Aufgabe, die ihm ja eigentlich nach seiner Zuständigkeit zugehörte, intensiv eingeschaltet war. Wenn Linden zunächst vorwiegend an den Vorschlägen an Bouhler hinsichtlich der mitarbeitenden Ärzte beteiligt war und die Durchführung der Verlegung angeordnet hat, so hat sich dann doch bald ein unmittelbarer Dienstverkehr zwischen ihm und der Organisation in der Tiergartenstraße ergeben. Dieses war umso leichter möglich, als Bouhler diesen Verselbständigungsbestrebungen in keiner Weise entgegenstand und die beiden leitenden Beamten der Dienststelle T 4, Bohne und Allers, Reichsbeamte des Innenministeriums waren. Im Hinblick auf die Luftkriegslage hat dann Linden von sich aus bestimmt, wann und wo verlegt werden sollte, er hat auch die Anstalten bestimmt, die als Euthanasie-Anstalten in Frage kamen, denn er hatte die Aufsichtsdienstpflicht über alle Anstalten.“

Wieder treffen wir auf unklare Befugnisse zweier Ämter,

die zur allgemeinen Unsicherheit der untergeordneten Stellen beitrugen und einen Überblick verhinderten.

Einer besonderen Verantwortlichkeit muß abschließend hier noch gedacht werden, nämlich der Mitverantwortung bestimmter wissenschaftlicher Kreise.

Für Wissenschaftler ist es zweifellos eine große Versuchung gewesen, das „Material“ der Euthanasie, die Gehirne der getöteten Geisteskranken, wissenschaftlich zu untersuchen; und tatsächlich ist es in mehreren namhaften anatomischen Instituten untersucht worden. Prof. Carl Schneider hat sich natürlich im Rahmen des „Reichsausschusses“ für die wissenschaftliche Auswertung besonders eingesetzt, was für ihn als überzeugten Anhänger der Euthanasie nicht erstaunlich war. Aber auch Gegner der Euthanasie haben, da die Kranken doch tot waren, die Untersuchungen durchgeführt und zum Teil wertvolle Ergebnisse erzielt; das Herkommen des Materials für ihre Untersuchungen war ihnen nur von untergeordneter Bedeutung. Hier zeigt sich eine Erscheinung, die auf allen Wissenschaftsgebieten während des Nationalsozialismus zu beobachten war, nämlich die „Unschuld“ des Wissenschaftlers, für den seine Forschung außerhalb der politischen Wirklichkeit und der menschlichen Wertordnungen stand. Dieses Problem ist keineswegs auf Deutschland beschränkt; es konnte sich nur hier deutlicher bemerkbar machen wie so viele andere Verfallserscheinungen der materialistischen Wissenschaft. Für den Außenstehenden, besonders im Ausland, wirkt jetzt der Wissenschaftler als Nutznießer des Nationalsozialismus. Der Nationalsozialist selbst verlachte die „reine“ Wissenschaft und hielt sie für eine Utopie. Hitler und mit ihm die meisten Nationalsozialisten sprachen von der Wissenschaft mit einer Mischung von Haß und Ehrfurcht, bis sich erwies, daß kein ernsthafter und geschlossener Widerstand jemals von dieser Seite zu erwarten war, da die reine Forschung sich selbst außerhalb des politischen Geschehens stellte.

Und doch hat diese Haltung eine große Wirkung gehabt. In den Euthanasie-Prozessen beriefen sich junge Anstaltsärzte öfter darauf, daß sie die ganze Sache leichter mitgemacht hätten, als sie erfuhren, daß Männer mit dem Professorentitel an der Spitze der Euthanasie-Aktion standen. Es lag außerhalb ihrer Fähigkeiten, über die wissenschaftliche Qualifikation dieser Professoren zu urteilen, aber der wissenschaftliche Anstrich allein imponierte ihnen.

Die Forschungsergebnisse mögen noch so beachtlich gewesen sein, es erhebt sich doch immer wieder die Frage, ob sie nicht unter Bedingungen erzielt waren, die Wertvolleres zerstörten. Auch heute noch schwankt die Entscheidung zwischen Erlaubtem und Unerlaubtem in der wissenschaftlichen Forschung auf der ganzen Welt, wie der Nürnberger Prozeß gegen deutsche Wissenschaftler und sein Widerhall deutlich zeigte; die menschlichen Wertordnungen sind überall in Gefahr, wo nicht das Recht des einzelnen, kranken Menschen gewahrt wird.

In dem Sonderfall der Euthanasie in Deutschland haben wissenschaftliche Forschungen, die von bedeutenden Wissenschaftlern an den Getöteten angestellt wurden, der „Aktion" in den Augen der Beteiligten, die nach Rechtfertigung ihres Tuns suchten, eine Weihe gegeben, die ihr nicht gebührte. Sicher war dies nicht die einzige Rechtfertigung: der Wille des „Führers", der Gedanke, Kranke von ihren Leiden zu erlösen und die Absicht, das Volk von unerträglichen Lasten zu befreien, dies alles trug dazu bei, die Euthanasie vertretbar erscheinen zu lassen. Bedauerlich ist es, daß ihr auch von der Seite der Wissenschaft eine Beachtung zuteil wurde, die ebenfalls als eine Rechtfertigung wirken mußte.

Das leise Grauen, mit dem der einfache Mann den medizinischen Wissenschaftler seit langem betrachtet, hat seine Berechtigung. Es besteht keine Garantie, daß die Wissenschaft bei neuen menschlich untragbaren Forderungen eines Staates protestieren würde. Und nur wenn die Wissenschaft als solche ernsthaft protestiert hätte, könnte sie die Verantwortlichkeit an dem Geschehen der Vergangenheit wirklich ablehnen.

ÄRZTE DER EUTHANASIE-ORGANISATION

Die folgenden kurzen Lebensabrisse sollen nicht die Neugier oder Sensationslust befriedigen, sondern nur darstellen, wie die Wirklichkeit der Euthanasie aussah und in welche Konflikte die einzelnen Ärzte gestellt waren. Die meisten von ihnen sind früher oder später körperlich schwer erkrankt oder es zeigten sich bei ihnen Reizbarkeit und Verstimmungen als Anzeichen der inneren Spannung, die ihr Leben beherrschte. Auch bei den Pflegern der Euthanasie-Anstalten hat man den Eindruck, daß sie nur gezwungen ihren Dienst taten.

Wir müssen uns dabei fragen, wie wir selber uns in ihrer Lage verhalten hätten. Ihr Mangel an selbständigem Urteil war teilweise nur ein Ausdruck der allgemeinen Unselbständigkeit und Nachgiebigkeit des Deutschen staatlichen Maßnahmen gegenüber, die er persönlich nicht billigte.

Außerhalb des nationalsozialistischen Deutschland und insbesondere des Euthanasie-Programms hätte ein Arzt wie Dr. Friedrich Mennecke kaum eine größere Rolle spielen können. Er war weder besonders begabt, noch sonst für den Beruf eines Psychiaters befähigt; mehr aus Zufall rutschte er 1936, schon 32jährig, nach beendeter Medizinalpraktikantenzeit in die gesicherte Laufbahn eines Anstaltsarztes in Eichberg, die dem Sohn des frühverstorbenen Steinhauers sehr erstrebenswert erschien. Im hessischen Provinzialfürsorgeverband waren die zuverlässigen Parteigenossen selten. Der Anstaltsdezernent Landesrat Bernotat fing damals an, alle Stellen nach politischen Gesichtspunkten, wenn irgend möglich mit SS-Leuten, zu besetzen. Darum war Dr. M., der schon 1932 ehrenamtlichen SS-Dienst getan hatte und seit 1933 in der Partei war, sehr willkommen. Der damalige ärztliche Direktor des Eichberg, Dr. Hinsen, schildert ihn als intrigant und ohne wirkliches Einfühlungsvermögen in die Patienten. Infolge seiner Intrigen verließ Dr. Hinsen 1938 den Eichberg und Dr. M. rückte an seine Stelle; gleichzeitig wurde er Ortsgruppenleiter der Ortsgruppe Eichberg. Er sagte damals selber Dr. Hinsen gegenüber, er sei erst Nationalsozialist, dann Arzt. Schon im März 1937 wurde er Leiter des Rassenpolitischen Amtes der NSDAP, Kreisleitung Rheingau. Prof. Kranz in Gießen war sein unmittelbarer Vorgesetzter. Hier wird er sich die Kenntnis der rassenpolitischen Grundsätze Hitlers zu eigen gemacht haben, obgleich er behauptete, vor Einsetzen der Aktion sich nie mit dem Problem der Euthanasie beschäftigt zu haben. 1939 wurde er eingezogen und versah den ärztlichen Dienst am Westwall. Schon am 31. 1. 1940 aber wurde er für die Euthanasie uk. gestellt. 1941 bekam er den Titel eines Facharztes für Nervenheilkunde, wie er selber vor Gericht sagte: „nicht zuletzt auf Grund der Tätigkeit, die Gegenstand dieses Verfahrens ist".

Im Februar 1940 wurde M. zu einer Sitzung nach Berlin bestellt, an der 8 bis 10 Herren teilnahmen, unter anderen Prof. Nitsche. Man forderte ihn auf, als Gutachter beim Euthanasie-Programm mitzumachen und sagte ihm zu seiner Beruhigung, daß die letzte Entscheidung nicht bei dem Gutachter, sondern dem Arzt der Tötungsanstalt läge. Bedenken hatte er nicht: „Ich hatte nicht den Eindruck, daß ein Arzt das nicht machen kann". Er gehörte verschiedenen Kommissionen an, die in fremden Anstalten Meldebogen ausfüllten und kam so durch ganz Deutschland. Wir hören darüber in einem Brief an den Leiter der Anstalt Lohr am Main vom 10. 10. 1940:

> „Mit Freuden denken wir zurück an die Tage, die wir bei Ihnen verlebten, und noch einmal möchte ich Ihnen an dieser Stelle meinen herzlichsten Dank aussprechen für die vielen Freundlichkeiten, die Sie mir und meinen Mitarbeitern entgegenbrachten. Den Abschluß unserer Arbeitstournee bildete Anfang September die Anstalt Hall in Tirol. Wir haben auf unserer Reise viel gesehen und erlebt und behalten die schönsten Erinnerungen an die einzelnen Stationen."

Das Ziel der Gutachtertätigkeit aber, für dessen Verwirklichung er auf „Arbeitstournee" geschickt wurde, schien ihm, die Belegschaft der deutschen Heilanstalten auf die Hälfte zu reduzieren. Von 1940 ab erstreckte sich seine Tätigkeit auch auf die KZs, aus denen er selbstzufriedene Briefe an seine Frau schrieb, die jede Station seines Weges im Detail verfolgen konnte. Er ließ dort, wie auch bei den Leitern der Euthanasie-Organisation und seinen sonstigen Vorgesetzten sicher ein gutes Andenken zurück. Es haben sich seine Bestellungen bei dem Weingutsbesitzer und Ortsbauernführer von Lorch erhalten, die diesen Stellen zugedacht waren. So fest er im Sattel saß und so erfolgreich seine Kinderfachabteilung ohne seine Mitarbeit auch wurde, er scheint doch den Fehler begangen zu haben, sich gegen den Landesrat Bernotat in Wiesbaden zu stellen, wohl weil er dessen Amt für sich beanspruchte. Er soll im vertrauten Kreise geäußert haben, die Stelle eines Anstaltsdezernenten gehöre in die Hand eines Arztes. 1942 wurde er seiner Parteiämter enthoben und zur Wehrmacht eingezogen. In seiner Abwesenheit wurde ein Parteigerichtsverfahren gegen ihn angestrengt, in dem ihm die Unterschlagung von Benzin zu

Privatfahrten nachgewiesen wurde. Es gelang Landesrat Bernotat, gegen den ähnliche Beschuldigungen erhoben worden waren, das Verfahren niederzuschlagen, da er über mehr Machtmittel als M. verfügte.

Dr. M's Ansichten über die Euthanasie sind für einen Psychiater reichlich konfus:

> „Ich habe die Euthanasie nicht bei den Fällen abgelehnt, die bei der Schizophrenie zum Beispiel zum Persönlichkeitszerfall geführt haben, zu der Spaltung zwischen Geist und Körper, und die gleichzeitig die Lebensart der betreffenden Patienten so stark niedergeführt hatten, daß sie entweder mit unkontrollierbaren Erregungszuständen reagierten oder daß sie nicht mehr die körperliche Reinlichkeit beachteten."

Er kümmerte sich praktisch kaum um die Anstalt, seine häufige Abwesenheit machte das auch unmöglich. Obwohl er auf Visiten nur selten die Patienten sah, war er höchst unbeliebt und gefürchtet. In der Zeit, als er die Anstalt leitete, fällt das Verbot der Sondenfütterung bei Depressiven: „Wer sich nicht selber ernähren kann, braucht auch nicht leben".

Obwohl es angeblich Untergutachtern nur in Ausnahmefällen gestattet war, Zurückstellungen auf eigene Verantwortung vorzunehmen, ist es M. doch möglich gewesen, gelegentlich einige seiner Patienten auf eigene Verantwortung von Transporten zurückzustellen. Das war sonst das ausschließliche Recht der Obergutachter und des Arztes der Tötungsanstalt. Von solchen Fällen berichtete M. dann nach Berlin. Auf Vorschlag des Personals soll er 80 bis 100 Kranke vor dem Tod bewahrt haben. Vor Gericht wurde jedoch auch der Fall der imbezillen Schwangeren Martha Webel erörtert, die von Hadamar wegen ihrer fortgeschrittenen Schwangerschaft wieder auf den Eichberg zurückgestellt worden war. Dr. M. bestimmte sie persönlich für den nächsten Transport, — ein besonders unmenschliches Vorgehen, bei dem sich M. über den Mangel an Härte bei den Transportbegleitern abfällig geäußert haben soll.

1944 wurde er wegen Basedow von der Front zurückgeschickt. Im Jahre 1945 stellte man eine kavernöse Lungentuberkulose bei ihm fest, an der er im Mai 194[illegible] im Gefängnis starb.

Dr. Walter Schmidt, Oberarzt und stellvertretender Direktor des Eichberg seit 1941, ist eine viel komplexere Persönlichkeit als Dr. M. Er wurde 1911 als Sohn eines Ingenieurs in Wiesbaden geboren. Er machte nach Unterbrechung seiner Schulzeit 1932 das Abitur, studierte Medizin und trat 1939 in den Dienst des Provinzialfürsorgeverbandes, zunächst als Arzt in Hadamar, dann in Eichberg. Er war 1927 in die HJ eingetreten, 1930 PG geworden und 1932 SS-Arzt. Dieser Umstand bewirkte wohl 1941 seine uk.-Stellung von der Front für die Reichsausschuß-Station Eichberg. Als M. 1942 an die Front ging, wurde er ärztlicher Leiter des Eichberg; auch als Ortsgruppenleiter wurde er M.'s Nachfolger.

Als Dr. Schm. sich von der Front zum Dienst zurückmeldete, wurde er zu einer Sitzung nach Berlin befohlen, wo er 40 bis 50 Herren antraf und von der Arbeit der Euthanasie-Aktion erfuhr. Brack hielt seine übliche, mit medizinischen Fachausdrücken und großen Worten durchsetzte Rede und betonte gleichzeitig, daß die Nichtausführung des Befehls Sabotage sei und bestraft würde. Das magische Wort „Sabotage“ machte auf Schm., wie auf so viele Andere, den erwünschten Eindruck: „Ich habe es so aufgefaßt, wenn ich nein sage, werde ich erschossen“. Als Einziger unter 50 Menschen aufstehen und protestieren, brachte er nicht fertig, obgleich er innerlich diese Maßnahmen ablehnte.

So hatte sich also das Gerücht, von dem ihm schon seine Frau erzählt hatte, bestätigt, und er nahm sich vor, seinerseits so viel wie möglich an Therapie durchzuführen, um vor sich selber bestehen zu können. „Das hat mir Veranlassung gegeben, da ich nicht aus der Psychiatrie herauskommen konnte, mich mit aller Gewalt auf diese Therapie zu werfen. Ich sagte mir, jetzt muß die Psychiatrie aktiver werden und muß etwas Positives leisten, sonst ist es mit der ganzen Psychiatrie einmal aus.“ So führte er die Therapie auf dem Eichberg ein: er machte Insulin- und Cardiazolschocks, systematische Arbeitstherapie und Kurzwellenbehandlung, beschaffte Frischdrüsensubstanz aus dem Schlachthaus Wiesbaden, und schließlich, als er Bernotat für seine therapeutischen Pläne interessierte, führte er Elektroschocks erstmalig auf dem Eichberg durch. Auch um die Sicherung der Diagnose bekümmerte er sich und machte, besonders auf seiner Kinderstation, viele Encephalographien. Er vervollkommnete sich später durch einen mehrwöchigen Aufenthalt an der Psychiatrischen Universitätsklinik in Heidelberg.

Sein wissenschaftliches Interesse bestimmte weitgehend seine Handlungsweise. So wurden die Kinder erst getötet, als durch genaue Untersuchungen die Natur ihrer Krankheit geklärt war; manchmal gingen Monate und sogar Jahre über die Beobachtung hin. Jedes Kind wurde auch seziert, später allerdings nicht mehr von ihm selber.

Er hatte noch die letzten Transporte der Stammpatienten des Eichberg nach Hadamar miterlebt, ohne sich irgendwie daran zu beteiligen, da er auf die Einrichtung seiner Kinderstation wartete. Das erste Kind, das eingewiesen wurde, besichtigte er dann mit Dr. M. und einem Herrn aus Berlin; es war ein gelähmtes schwachsinniges Kind mit einer vergeblich operierten Meningocele, die nach der Operation vereitert war. Das ganze Kind war ein Häufchen Elend, es war ein völlig aussichtsloser Fall. „Diese Euthanasie sah mir anders aus als die von Hadamar," sagte er selber bei seiner Vernehmung vor Gericht. Er entschloß sich also, die Kinderabteilung zu führen und zu einer Musterstation auszubauen; die Euthanasie der Schwerstkranken bejahte er. Es läßt sich nicht nachweisen, daß er ein Kind ohne Ermächtigungen getötet hätte. Doch hat er nach Aussagen der Pfleger auch viele erwachsene Patienten mit großen Luminal- und Morphiumdosen getötet. Wie er selber behauptete, lagen sie entweder im Sterben oder sollten auf Ermächtigung der Reichsausschuß-Dienststelle getötet werden. Er pflegte bei der Abendvisite bei dem einen oder andern Kranken stehenzubleiben und zu sagen, „der gefällt mir nicht mehr". Das war das Stichwort, daß der Patient eine tödliche Spritze bekam. Da er auch sonst viele Spritzen verordnete, ist nicht zu kontrollieren, wann er Überdosen anwandte oder nicht. Bei einem schwerkranken Patienten weigerte sich sogar der Pfleger, eine Cardiazolspritze zu geben, da er glaubte, die Spritze sollte den Patienten töten, und Schm. mußte sie selber geben.

Es ist nicht zu leugnen, daß der Eichberg ihm in therapeutischer Hinsicht sehr viel verdankt; er erreichte es immer wieder, daß Bernotat namhafte Summen für Apparate bewilligte. Er scheint sich aber niemals für die bessere Pflege oder ausreichende Ernährung der Kranken eingesetzt zu haben. Er glaubte an den objektiven Wert der Therapie; die Person des Arztes, die allgemeine Atmosphäre und die Seele des Kranken spielten für ihn keine Rolle. So läßt es sich wohl erklären, daß er zwar unter seinen Privatpatienten außerhalb der Anstalt einen ausgezeichneten Ruf hatte und sehr beliebt war, unter den Patienten der Anstalt aber als Mörder, Sadist und Teufel verschrien war. Eine wirkliche Grausamkeit oder Roheit konnte ihm dabei nicht nachgewiesen werden, — kalte Objektivität kann auch grausam wirken. Es fragt sich, ob sein Verhalten in der Anstalt nicht zum Teil seine therapeutischen Anstrengungen zunichte machte. Jedenfalls war gerade zu seiner Zeit der Bedarf der Anstalt an Beruhigungsmitteln und Spritzen besonders groß; er sparte damit nicht, wenn Patienten erregt waren, wie es oft der Fall war.

Bei Dr. Schm. sieht man deutlich, wie unaufrichtig die aktive und objektive, rein wissenschaftliche Therapie werden kann und wie sinnlos der Ehrgeiz sich auswirkt, die Therapie so zu verbessern, daß es keine unheilbaren Geisteskranken mehr gebe. Seine Einstellung zu Therapie und Krankheit wird durch den Ausspruch beleuchtet, daß für alte Menschen das Morphium das einzige Herzmittel sei. Auch sein Verhalten Schwerkranken gegenüber war sehr kennzeichnend. Mehrfach wurde in dem Prozeß der Fall einer Patientin erwähnt, die auf der Treppe mit einem Wäschekorb stürzte und liegen blieb. Als Dr. Schm. gerufen wurde, stellte er anscheinend eine Schädelfraktur fest; er selber kann sich nicht mehr daran erinnern. Er ließ sie ohne weitere Untersuchung, weil er wohl den Fall für schwer hielt, in eine Kammer schaffen und schläferte sie durch eine übergroße Luminal- oder Morphiumdosis ein.

Auch Dr. Schm., der angeblich jede Tötung, die er begangen hatte, verantworten konnte, litt an nervösen Störungen verschiedener Art. Wie er der Oberschwester einmal anvertraute, schlief er sehr schlecht und sah im Traum die Patienten auf sich zukommen. Von Zeit zu Zeit stellten sich schwere Gallenkoliken und nervöse Magenbeschwerden ein. Er neigte auch zu Zornausbrüchen. So brüllte er oft Patienten und Pfleger an oder ließ Patienten wegen geringer Vergehen in den berüchtigten „Bunker“ tun; so sogar den morphinistischen Kollegen Dr. B. wegen Abhörens von Feindsendern, ein Vergehen, das mit achtmonatiger

Verlängerung des Anstaltsaufenthaltes nach seiner Heilung bestraft wurde. Auch eine Ärztin, die sich aus Neugierde einmal auf die Kinderstation gewagt hatte, brüllte er an, sie habe dort nichts zu suchen. In einem sehr ungünstigen Licht erscheint er schließlich auch in seinem Briefwechsel mit den Angehörigen verstorbener Patienten wie in dem weiter unten ausführlich mitgeteilten Fall Hörner. Kontakt scheint er mit keinem Menschen außer der Oberschwester gehabt zu haben; er war auf allen Seiten von Mißtrauen umgeben.

Gerade bei Dr. Schm., einem begabten und aktiven jungen Arzt, ist es besondes bedauerlich, daß er sein Gewissen damit zu beruhigen suchte, daß er seine Energie ganz auf die wissenschaftliche Therapie verlegte, und so im eigentlich ärztlichen Handeln in seiner Aufgabe versagte. Es war ihm, wie auch anderen, nicht möglich, sich zu wirklicher Selbstverantwortung zu erheben; darum rettete er sich in die Scheintüchtigkeit der Therapie, wo seine Verdienste zwar nicht zu leugnen sind, aber nur wenig wiegen im Vergleich zu dem Schrecken und zu dem Leid, das Jahre hindurch an den Namen „Eichberg" geknüpft war und das auch nicht um den kleinsten Teil durch seinen menschlichen Einsatz gemildert wurde.

Dr. Gorgass, der von beiden Seiten aus einer psychisch belasteten Familie stammte, ist 1909 geboren. Sein Vater und seine Mutter litten an Depressionen und waren mehrfach in der Universitätsklinik in Leipzig. Der Sohn studierte nur Medizin, um Psychiater zu werden. Nach kurzer Ausbildungszeit an der Psychiatrischen Klinik in Leipzig trat er am 1. 2. 1936 in die hessische Anstalt Eichberg ein und war schon am 1. 10. 1938 leitender Anstaltsarzt auf dem Kalmenhof, bis er am 1. 12. 1939 ins Feld einberufen wurde. Seine außerordentlich schnelle Karriere verdankt er wohl seiner Parteizugehörigkeit; um Ermäßigung der Kolleggelder zu bekommen, war er schon 1933 in die Partei eingetreten, ohne ein besonderes Amt zu bekleiden. Er war ein gewissenhafter Anstaltsarzt und hatte das Vertrauen seiner Patienten. Nach einem Autounfall im Felde, auf den er seine Reizbarkeit zurückführt, wurde er plötzlich für eine Sonderaufgabe uk. gestellt und mußte sich bei Landesrat Bernotat melden, der ihn nach Berlin schickte und ihn nur auf die hohe Aufgabe hinwies, für die er ausersehen sei.

In Berlin, wo er sich nach seinen eigenen Worten in einem der wichtigsten Gebäude Deutschlands recht klein fühlte, weihte ihn Brack in das angebliche Gesetz des Führers ein, das besonders zuverlässige Ärzte ermächtigte, Geisteskranken den Gnadentod zu erteilen. Er zerstreute auch seine juristischen Bedenken. In dieser Aussprache, bei der auch der übliche Appell an das soldatische Empfinden nicht fehlte, fielen schon Andeutungen, daß er sich nicht weigern könne, mitzuarbeiten. Besorgt um seine Mutter, die in einer Anstalt war, wollte er erfahren, welche Maßnahmen geplant seien. Er war damals kein Gegner der Euthanasie; er hatte sich schon während des Studiums mit Veröffentlichungen darüber beschäftigt.

In seine eigentlichen Aufgaben wurde er durch Dr. Lonauer, den Leiter der Anstalt Niedernhart bei Linz, einer Tötungsanstalt, eingeweiht, bei dem er mehrere Wochen hospitierte.

> „Ich war natürlich völlig hin- und hergerissen. Grundsätzlich bejahte ich die Euthanasie. Als ich aber erfuhr, daß ich dazu als ausführendes Organ bestimmt sei, die Tötungen durchzuführen und dabei letzten Endes meine Tätigkeit darin bestehen sollte, zu töten, das war mir doch zu viel. Ich überlegte, wie ich aus diesem System herauskommen könnte. Eine Weigerung hielt ich für unmöglich. Es wurde mir ausdrücklich versichert, daß alle therapeutischen Maßnahmen durchgeführt seien, daß es sich um Endzustände handelte, die ja therapeutisch nicht zu behandeln sind. Es beruhigte mich wieder etwas, als ich erfuhr, welche bedeutenden Wissenschaftler an der Aktion beteiligt waren: Schneider, Heyde, Nitsche."

In Linz lernte er also seine Aufgabe kennen: er mußte die Kranken noch einmal kurz explorieren, oft begnügte er sich aber nur mit einem Blick; dann wurden die Meldebogen und Photokopien überprüft und die Kranken photographiert, angeblich zur wissenschaftlichen Auswertung, die aber seines Wissens nicht stattfand. Die Kranken wurden dann in den als Duschraum getarnten Gasraum geführt, in den er CO-Gas einströmen ließ, bis die letzten eingeschläfert waren.

Im Gegensatz zu den Aussagen Karl Brandts im Nürnberger Prozeß war es ihm nur erlaubt, Ausländer und

Schwerkriegsbeschädigte zurückzustellen, was er auch einige Male tat: Zurückstellungen sollten, wie ihm ausdrücklich gesagt wurde, in den Zwischenstationen gemacht werden. Prof. Nitsche ermahnte ihn aber dennoch, sorgfältig zu untersuchen, zu seiner eigenen Beruhigung.

In Linz erlebte Dr. G. noch den Besuch des Gauleiters und des Generalstaatsanwaltes, die sich die Vergasungen ansahen. Dann reiste er mit dem berüchtigten Dr. Schumann von Grafeneck ins KL Buchenwald, wo Schumann psychopathische Häftlinge zur Euthanasie aussuchte und nahm dann seine Tätigkeit in Hadamar am 1. [illegible]. 1941 auf.

Dr. G. hat, wie auch die meisten der Pfleger, versucht, sich durch freiwillige Meldung zur Front seiner Aufgabe in Hadamar zu entziehen. Es gelang ihm aber erst, als im August 1941 die Vergasungen aufhörten. Er versuchte auch einen Vorstoß bei Brack zu machen, um die Arbeitstherapie einzuführen und dadurch Patienten vor dem Vergasen zu retten; Brack lehnte aber alle diese Vorschläge ab. — Wie auch seine Frau bezeugte, war G. damals schwermütig und gereizt; er sei dem Selbstmord nahe gewesen.

Ärztlicher Leiter von Hadamar war in dieser Zeit ein gewisser Dr. Berner, ein Oberstabsarzt mit Kreisarztexamen, der sich mit seinen guten Beziehungen zu den höchsten Stellen in Berlin brüstete. Er behauptete G. gegenüber, er habe das Gesetz in der Schublade, dürfe es ihm aber nicht zeigen. Als er G. durch Handschlag zur Geheimhaltung verpflichtete, hielt er ihm eine Ansprache, in der er ihm die Opfer des Soldaten vorhielt und seine Aufgabe mit der eines Bataillonskommandeurs verglich, der seine Mannschaft in den Tod führen muß. Dieses war der allgemein übliche, sentimentalforsche Ton, den wir bei allen Betriebsappellen in den Euthanasie-Anstalten treffen und der wohl von Brack gewünscht war, dessen Geistesart er entsprach.

Dr. Wahlmann, 1876 geboren, war Facharzt für Psychiatrie und hat sein Leben im Dienst an den Kranken der hessischen Anstalten verbracht. Er war ein gläubiger Christ und Leiter des Kirchenchores, da er ebensosehr Musiker als Arzt war. 1933 trat er in die NSDAP ein, weil alle Anderen eintraten, ohne innere Bindung. Er nahm keine Parteiämter an, weil ihn das zu sehr irritiert hätte und ihn verhindert hätte, seine Freizeit der Musik zu widmen. Das Ansinnen Bernotats, er solle aus der Kirche austreten, lehnte er ab.

Er hatte auch verschiedentlich Schwierigkeiten mit der Partei, besonders weil er Versammlungen fernblieb, um seinen Kirchenchor nicht zu versäumen. In dieser Zeit bekam er Anfälle von Angina pectoris, wegen der er 1936 pensioniert wurde. Nach seiner Pensionierung bis zu seiner neuerlichen Dienstverpflichtung 1940 ging es ihm gesundheitlich gut, die Angina pectoris setzte erst stärker ein, als er 1942 zum ärztlichen Leiter von Hadamar ernannt worden war.

Dr. Wahlmann hatte sich immer besonders für die Therapie der Geisteskranken interessiert und hat selbständig darüber gearbeitet. Er war einer der ersten Irrenärzte, die Kardialzolschoks in einer deutschen Anstalt durchführten. Er war Anhänger der Euthanasie bei Schwerkranken und Unheilbaren, um Zeit und Geld für die Heilbaren zu sparen. Nach zwei Schockkuren, die nicht zu einer Besserung führten und längeren Zwischenpausen, will er die Kranken beseitigen lassen. Es ist ihm allerdings ein furchtbarer Gedanke, „Leute, die nicht körperlich krank sind, die weiter keine Schmerzen haben, daß man die nun mit einer Spritze beseitigt". Er war zweifellos einer der beliebtesten Anstaltsärzte. „Ich habe immer auf dem Standpunkt gestanden, die Geisteskranken mit Liebe zu behandeln, diese Liebe habe ich überall gepredigt." Alle Pfleger bezeugten seine aufopfernden Bemühungen um die Kranken.

Als er aus der Anstalt Weilmünster von Bernotat zum ärztlichen Leiter von Hadamar berufen wurde, hieß es „Hadamar werde jetzt wieder eine schöne Anstalt für die Kranken". In Wirklichkeit aber beabsichtigten weder Bernotat noch die Berliner Dienststelle, Anstalten für die Kranken einzurichten; von Anfang an bestand der Gedanke, die Tötungen in andrer Form und andrem Ausmaß weiterzuführen. Und letzten Endes galten ja auch die Bedenken eines Arztes wie Dr. Wa. nicht der Sache, sondern der Durchführung.

Wa. wurde in allen wesentlichen Punkten dem zum Direktor aufgerückten Beamten Klein unterstellt, und Bernotat informierte das Personal, daß jeder Einspruch gegen die Anordnungen des Direktors zwecklos sei.

Es ist kaum zu glauben, wenn es nicht von allen Zeugen bestätigt wäre, wie zynisch Dr. Wa.'s Name von Klein und Bernotat mißbraucht wurde. Wa. war nur die nun einmal in einer Heil- und Pflegeanstalt unentbehrliche Puppe, die den Titel Arzt trug. Alle Post ging zu Klein, auch Wa's ausgehende Post wurde von Klein durchgesehen und entweder zerrissen oder mit rotem Bleistift überschrieben, Entlassungsanträge Wa.'s vernichtet. Bernotat und Klein drohten beide Wa. mit dem KZ, wenn er ihnen nicht gefügig wäre und weiterhin falsche Totenscheine unterschreibe. Es war Kleins Auffassung, daß kein Patient lebend die Anstalt verlassen dürfe. Immerhin gelang es Wa., von den Neuaufnahmen die meisten wieder nach Hause zu entlassen, während die Kranken, die mit Transporten aus anderen Anstalten kamen, alle von der Oberschwester oder den Oberpflegern mit Schlafmitteln vergiftet wurden. Wa. kümmerte sich gar nicht um die Tötungen selbst, er wollte nichts davon wissen. Es ist aus den Aussagen von ihm und der Oberschwester nicht klar ersichtlich, wer von ihnen die Kranken zum Töten aussuchte. Bei der Visite oder in der morgendlichen Konferenz wurden Namen genannt, die auf kleine Zettel von der Oberschwester aufgeschrieben und den Stationsschwestern weitergegeben wurden. Diesen Patienten, die zum Teil durch den Hunger so entkräftet waren, daß sie kaum normale Nahrung aufnehmen konnten, wurde abends das Schlafmittel verabreicht und Dr. Wa. erfuhr erst wieder vom Kranken, wenn ihm der Totenschein zur Unterschrift vorgelegt wurde.

Aller Besuch, sowohl die Angehörigen der Patienten als Beamte aus Berlin wurden zuerst zu Klein geführt. Wa. beschreibt erniedrigende Szenen, als er zufällig zu solch einer Besprechung dazukam und das Gespräch während seiner Anwesenheit unterbrochen wurde. Schließlich wurde er so ängstlich, daß er alles tat, was von ihm verlangt wurde. Die Transporte der kranken Russen und Ostarbeiter zum Beispiel sah er überhaupt nicht. Sie wurden sofort in eine andere Abteilung der Anstalt geleitet und dort getötet; er bekam nur die Totenscheine zur Unterschrift vorgelegt. Die Oberschwester entwarf ein eindrucksvolles Bild von ihm, wie er stundenlang in den Krankensälen war und mit den Kranken sprach, wohl um das schwer erschütterte Vertrauen zu sich selbst im Umgang mit den Kranken wiederzufinden und Einiges gutzumachen, was täglich an Unrecht geschah.

Nach der Legalität der Euthanasie gefragt, antwortete Dr. Wa. im Prozeß, daß er als deutscher Untertan seinem Vorgesetzten glauben müsse, wenn dieser ihm erklärt, es existiere ein Gesetz. Das Urteil von Klein und Bernotat über ihn wird vernichtend gewesen sein, doch zu Kriegszeiten war er nicht durch einen für ihre Zwecke Geeigneteren zu ersetzen. Wahrscheinlich ist selten ein Arzt so gedemütigt worden.

Im Kalmenhof-Prozeß lernen wir die zwei leitenden Ärzte der Heilerziehungsanstalt Kalmenhof kennen, Frau Dr. Mathilde Weber, die von 1939 bis 1944, und Dr. Hermann Wesse, der von 1944 bis Kriegsende die Anstalt leitete: Sie werden als sehr verschiedene Naturen beschrieben. Frau Dr. W. war in der Anstalt beliebt und es wurde allgemein bedauert, daß sie mit „da oben", der Tötungsstation, zu tun haben sollte. Man merkte ihr an, daß sie sehr bedrückt war. Wie sie ihrem Mann, dem praktischen Arzt Dr. W., sagte, könnte sie den Anblick so vieler hoffnungslos kranker Kinder, die auf den Transporten nach Kalmenhof zum Sterben kamen, nicht ertragen. Sie ahnte wahrscheinlich, daß die Schwester Maria sie beseitigte, aber wollte die volle Wahrheit sich nicht einmal selber eingestehen und fühlte sich an die Geheimhaltungsverpflichtung gebunden. In mehreren Fällen hat sie auch Patienten von Transporten nach Hadamar zurückgehalten; allerdings nur beim ersten Mal, als die Namen zum zweiten Mal auf einer Liste standen, hat sie das nicht mehr gewagt. Doch hat sie, nachdem sie die Gerüchte über die Vergasungen in Hadamar gehört hatte, durch entstellte Meldungen dafür gesorgt, daß keine Zöglinge oder Patienten von der Anstalt dorthin verlegt wurden. Bei dieser Arbeit war sie selbständiger als später nach Einrichtung der Reichsausschuß-Station, wo sie anscheinend sich der stärkeren Persönlichkeit der Schwester Maria fügte. Sie versuchte immer wieder von der Anstalt fortzukommen und wurde in brutaler Weise auf ihre Einwendungen von Landesrat Bernotat abgefertigt: „Sie brauchen nicht mehr zu wissen, als Ihnen gesagt wird". Er sagte ihr auch ziemlich offen: „Sie brauchen sich da nicht mehr viel Arbeit machen; es ist am besten, wenn sie (die Patienten) schnell verschwinden".

Der innere Zwiespalt belastete die Angeklagte derart, daß sie immer bedrückter und müder wurde. Im Jahre 1943 wurde ein tuberkulöser Prozeß bei ihr festgestellt, auf

Grund dessen sie 1944 nach nochmaligem Bitten aus dem Dienst ausscheiden durfte. Wenn wir die unlösliche Konfliktsituation, in die die Angeklagte gestellt war, berücksichtigen, kann die Erkrankung nicht als Zufall verstanden werden, sondern bekommt einen tiefen Sinn in ihrer Lebensgeschichte. Sie war Tochter eines Reichsbahnbeamten aus Dinslaken und war bei den Dominikanerinnen streng katholisch erzogen worden. Es gelang ihr erst spät, die Bindung an die Kirche, die sie anscheinend als Hemmung betrachtete, zu lösen: „Ich bin in einem Kloster erzogen und wollte ins Kloster zurück. In Bonn bin ich von einer Kirche zur andern gezogen. Nachher bin ich etwas freier geworden." Aus allem spricht die tiefe Lebensunsicherheit, die sie nachher so wehrlos gegen den Terror machte. Ihr Studium absolvierte sie nicht besonders gut und hatte später Schwierigkeiten, eine Stelle zu finden. Zur Psychiatrie kam sie zufällig, ohne Neigung und besondere Begabung, als sie von einer freien Stelle auf dem Kalmenhof hörte. Als der leitende Arzt, Dr. Gorgaß, im Oktober 1939 eingezogen wurde, fand sie sich als leitende Ärztin auf dem Kalmenhof. Man scheint nicht viel Vertrauen in sie gesetzt zu haben, zumal sie kein Parteimitglied war. Anscheinend wurde die Schwester Maria angewiesen, die Tötungen auszuführen, ohne ausdrücklich Frau Dr. W. zu verständigen. Man rechnete wohl damit, daß sie nicht die Energie haben würde, den Dingen auf den Grund zu gehen, wie es auch wirklich geschah. So konnten jahrelang Kinder beseitigt werden, ohne daß die leitende Ärztin Genaues darüber wußte. Sie fühlte sich völlig hilflos und machte auch später bei den Prozessen noch einen hilflosen und verstörten Eindruck. Wohin hätte sich auch im Dritten Reich eine unbedeutende, junge Ärztin um Hilfe wenden können, wenn sie sich innerlich von den grauenhaften Vorgängen abgestoßen fühlte? Ihr Ausweg aus den Gewissenskonflikten, die Flucht in die Krankheit, ist die Lösung eines Menschen, der diese Konflikte aus seinem Bewußtsein weitgehend verdrängt hatte.

Mit Dr. H. Wesse sprach man bei seiner Verpflichtung nach Idstein in der Dienststelle in Berlin eine offenere Sprache. Herr von Hegener, einer der maßgebenden Beamten, die sich durch die Flucht der Verantwortung entzogen haben, sagte ihm über die „Behandlungen": „Es ist Gesetz seit Jahren. Sie sind dazu verpflichtet. Wenn Sie sich weigern würden,

würden Sie die Folgen spüren. Sie denken doch nicht daran, ihr Leben in einem Lager zu verbringen?" W., dem die Reichsausschußarbeit aus seiner früheren Stelle in Waldniel wahrscheinlich bekannt war und der sich um eine uk.-Stellung bemüht hatte, fühlte sich als kleiner Soldat dazu verpflichtet, zu gehorchen, besonders als ihm Herr von Hegener von oben herab sagte, daß ihm kein Urteil in diesen Sachen zustünde. Er wurde, wie alle im Euthanasie-Programm Beteiligten und alle Angestellten der Anstalten, durch Handschlag zum Schweigen verpflichtet und begab sich an seine Arbeit. Im Gegensatz zu Frau Dr. W. beteiligte er sich aktiv an den Tötungen und tötete durch intravenöse Injektionen mehrere asoziale Fürsorgezöglinge. Er sagte über den Tod der Ruth Pappenheimer im Prozeß aus (20. Januar 1947):

> „Die Ermächtigung kam und an dem Tage hatte die Pappenheimer der Schwester Maria 20 Tabletten gestohlen und damit einen Selbstmordversuch gemacht. Sie hatte eine heftige Magenschleimhautentzündung bekommen. Da hatte ich der Schwester Maria gesagt: die Ermächtigung liegt vor, geben Sie ihr aber keinen Brei, sie hat sich den Magen derart verdorben, da quält sie sich nur, das will ich nicht. Da will ich selbst eine Injektion geben, um sie möglichst rasch zu erlösen. Da habe ich intravenös Morphium gespritzt. Wenn mir in Berlin gesagt worden ist: Sie haben die Befehle zu befolgen —: als einfacher Soldat bin ich gewohnt, Befehlen zu gehorchen. Da habe ich eben geglaubt, die Pappenheimer fiele als völlig asoziales Mädchen auch darunter. Einfach ist es mir nicht geworden, aber was sollte ich denn machen? Ich hatte den Befehl, was sollte ich machen? Ich mußte den Befehl ausführen. Es waren ziemlich erhebliche Akten, auf Grund deren ich einen Bericht über Ruth Pappenheimer machte. Ich sehe heute, daß es nicht richtig ist, ein solches Mädchen zu beseitigen. Gerade der Begriff ‚asozial' ist sehr dehnbar, das sehe ich heute ein. Seinerzeit habe ich das nicht beurteilt, ich habe nur den Bericht übersandt. Mir ist immer gesagt worden: die Verantwortung tragen die Professoren aus Berlin. Was sollte ich machen? An die Front hätten sie mich nicht geschickt, sondern ins KZ."

Dr. W. hat nicht, wie manche anderen Ärzte, die Berichte gefälscht oder Befehle nicht ausgeführt. Er sagte: wenn ich verpflichtet bin, gesetzlich zu handeln, dann arbeite ich auch ehrlich.

Dr. W. war Sohn eines Polizeikommissars, der aber vor der Geburt des Kindes starb. Er ist von der Mutter erzogen worden. 1933 trat er in die Partei ein. Seine medizinischen Examina bestand er mit gut; er promovierte mit einer Doktorarbeit über Nebenstörungen bei angeborenem und erworbenem Schwachsinn, die er 1939 in der Psychiatrischen Klinik in Bonn begann. Seitdem kam er nicht von der Psychiatrie fort, ohne dazu besondere Neigungen zu haben. Daß er nichts von der Reichsausschuß-Arbeit bis 1944 wußte, ist nicht sehr wahrscheinlich, da er 1941 für 2 Monate nach Goerden abgeordnet wurde, wo Dr. Heinze, ein überzeugter Nationalsozialist und Vorkämpfer der Kindereuthanasie, die Kinderfachabteilung leitete.

TERROR IM RAHMEN DES EUTHANASIEPROGRAMMS

Ärzten und Pflegern, die im Euthanasieprogramm tätig waren, wurde strengste Geheimhaltung unter Androhung der Todesstrafe anbefohlen. Dieses System des Terrors begann in der Berliner Dienststelle Viktor Bracks und setzte sich nach unten fort durch die Mitwirkung von Ministerialbeamten der Regierungen. Welche Atmosphäre auf diese Weise in den Anstalten selbst erzeugt wurde, wird sich besonders an dem Beispiel von Hadamar zeigen.

Eine Charakteristik Viktor Bracks und seiner Tätigkeit, die Prof. Heyde im Hadamar-Prozeß gegeben hat, ist in diesem Zusammenhang besonders aufschlußreich. Brack sei eine sehr beeinflußbare Persönlichkeit gewesen, die das aber oft durch autokratisches Auftreten wettzumachen suchte. Er reiste oft und besichtigte die Anstalten, wobei er gerne verschwommene Reden hielt. „Persönliche Sauberkeit", „innere Haltung, die der Euthanasie wert sei", „charakterliche Anständigkeit" seien beliebte Redensarten gewesen. Hierzu verpflichtete er die Menschen, die an dem großen Werk mitarbeiten durften. Den Widerspenstigen drohte er mit den schlimmsten Strafen. Das Wort Sabotage benutzte er gerne und warnte vor Schwächlichkeit. Dieser pathetische Wortschatz eines Halbgebildeten mochte Halbgebildeten imponieren und bei ihnen seine Wirkung tun. Noch wirkungsvoller waren gelegentliche Abschreckungsmaßnahmen; so sorgte Brack dafür, daß eine Sekretärin aus Grafeneck, die einmal über die Tätigkeit der Anstalt geredet hatte, ins Konzentrationslager kam, von wo Prof. Heyde sie befreien mußte.

Sein Verhalten zu den einflußreichen Kreisen, wie den Generalstaatsanwälten, die über die Euthanasie-Aktion im Februar 1941 informiert wurden, war einwandfrei; wenn er aber spürte, daß ein Mensch sich in dem „Heiligsten des Heiligen", der Führerkanzlei, unsicher fühlte, trumpfte er auf. Er berief sich überhaupt gerne darauf, daß dort nur Männer des persönlichsten Vertrauens von Hitler wären, die nicht nur das Beste des Volkes wollten, sondern auch fähig wären, es herbeizuführen. Diesen Nimbus nutzten auch die übrigen Beamten der Dienststelle Bracks aus. Bei den Verpflichtungen und bei den Reden, die die Beamten auf Dienstreisen hielten, hören wir immer den gleichen Ton.

Nach Prof. Heydes Aussagen war es für einen Arzt möglich, wenn er wirklich gewollt hätte, aus der Euthanasie-Aktion ohne nachteilige Folgen herauszukommen: „Wenn ein Arzt sehr viel Zähigkeit hatte und unter dem nötigen inneren Dampfdruck stand, hätte er schließlich herauskommen können. Gefahr für sein Leben bestand wohl nicht." Aber schon das übrige Personal hätte nicht herauskommen können; und auch die Ärzte, die alle nach Parteizugehörigkeit von Brack ausgesucht waren, wurden von ihm und seinen Untergebenen, wie Heyde sich ausdrückte, „mit wenig schönen Methoden eingenebelt".

Die Form, in der die Verpflichtung des ärztlichen und Pflegepersonals durch Regierungsstellen und Beauftragte der Euthanasie-Organisation vorgenommen wurde, wird durch die nachstehenden Dokumente belegt. — Obermedizinalrat Dr. Mauthe, ein Beamter des württembergischen Innenministeriums, erklärte an Eidesstatt:

> „Weil Ministerialrat Staehle mir für den Fall der Widersetzlichkeit Todesstrafe angedroht hatte, hielt ich mich für außerstande, irgend etwas gegen die Durchführung der Aktion zu unternehmen, auch solange nicht, als diese keine gesetzliche Grundlage hatte."

Aus den Dokumenten der Anklage entnehmen wir folgende Verpflichtung dreier Pflegerinnen zur Geheimhaltung ihrer Arbeit in der Anstalt Eglfing-Haar (Dok. NO 1312):

„Durch den Direktor der Heil- und Pflegeanstalt Eglfing-Haar, Obermedizinalrat Dr. Pf., bin ich über die Art meiner Tätigkeit und meiner Pflichten in der Fachabteilung des Kinderhauses der Heil- und Pflegeanstalt Eglfing-Haar, in der Kinder des Reichsausschusses zur wissenschaftlichen Erfassung von erb- und anlagebedingten schweren Leiden untergebracht sind, belehrt worden. . . . Ich bin darüber belehrt worden, daß mir über die Vorgänge, die mir bei der Behandlung dieser Kinder offenbar werden, strengstes Stillschweigen auferlegt worden ist und daß auf Bruch dieses Stillschweigens die gesetzliche Todesstrafe steht."

Die damalige Lage wird auch in dem ausführlichen Bericht des Leiters der Hoffnungstaler Anstalten, Pastor P. Braune, deutlich, den dieser auf Wunsch des im Sommer 1940 noch ununterrichteten Justizminister Dr. Gürtner zusammenstellte. Er war in der Lage, die Vorgänge gut zu beurteilen, da er als Vizepräsident des Zentralausschusses für Innere Mission der deutschen evangelischen Kirche eine unmittelbare Verantwortung für die gesamten Anstalten der Inneren Mission trug (Dok. NO 895):

„Ich wußte, daß ich bei dieser ganzen Angelegenheit einen lebensgefährlichen Weg ging. Aber um des Gewissens willen und um des Rufes willen, der aus der Sache heraus an mich ergangen war, habe ich nicht gezaudert, die Denkschrift zusammenzustellen und allein zu unterzeichnen. Die Folgen mußte ich bald spüren. Am 12. August 1940 wurde ich vom Reichssicherheitshauptamt nach längerer Haussuchung in Haft genommen. Man bestritt bei der Vernehmung jeden Zusammenhang mit meiner Denkschrift gegen die Euthanasie. Die Gestapo durfte in keiner Weise zugeben, daß eine Tötung von Kranken überhaupt geschähe. Wie mir späterhin bekannt geworden ist, stand Todesstrafe auf die Verbreitung solcher Nachrichten. Durch heimliche Verständigung von außen wurde mir aber mitgeteilt, daß dieser Kampf gegen die Tötungsmaßnahmen der wirkliche Grund meiner sogenannten Schutzhaft sei."

Auch die anderen Ärzte sagten mehrfach aus, daß sie bei Vorstellung und Verpflichtung in der Berliner

Dienststelle durch den Hinweis auf das Konzentrationslager eingeschüchtert worden seien. In Hessen fand die Terrorpraxis in der Person des Landesrats Bernotat einen besonders rücksichtslosen Vertreter. Dieser Anstaltsdezernent der hessischen Provinzialverwaltung im Landeshaus Wiesbaden übte einen starken Druck auf die Angestellten und Ärzte der hessischen Anstalten aus und setzte sich rücksichtslos für eine radikale Durchführung der Euthanasie ein. Er scheint sich erst spät zu einem brutalen Despoten in seinem Bereich entwickelt zu haben. Wir erfahren aus den Aussagen von Frau M. L., einer langjährigen Sekretärin des Landeshauses, über die Wandlung eines vorher harmlosen Beamten (Kalmenhof-Prozeß 27. Januar 1947):

> „Bernotat kannte ich gut seit 1930. Er war früher ein sehr netter, gemütsweicher Mensch, den man gern haben konnte. Er war auf dem Landeshaus Sekretär, so viel ich weiß, hatte er in der Fürsorge zu tun. Ich lernte ihn 1930 in einer Ortsgruppe kennen. Später kam ich durch Zufall auf das Landeshaus und lernte ihn auch da kennen; das war 1935. Da war er auch noch der alte, und auch später 1938. Er war avanciert, gleich vom Tage der Machtergreifung, aber Landesrat war er noch nicht. Später, in 1936, da ist er operiert worden, da habe ich ihn im Krankenhaus besucht, da lag er noch mit vier anderen im Krankenhaus zusammen in dritter Klasse. Später habe ich gehört, daß ihn der Landeshauptmann erster Klasse legen wollte und er bat darum, mit seinen Kameraden zusammen zu liegen, er sei kein großer Herr. Plötzlich, in 1937, hat man schon gemerkt, daß er verbonzt wurde, wie man sagt. Er hat damals angefangen, eine Gewaltherrschaft im Landeshaus auszuüben; er hat die Leute gezwungen, aus der Kirche auszutreten, er hat sie in die SS gezwungen, geschrien, daß die Wände gewackelt haben. Er hat eben, wo er konnte, die Leute tyrannisiert. Ich nehme an, er hat seine eigene Schwäche gekannt: er war nicht sehr intelligent und auch kein geistig hochstehender Mensch, ziemlich primitiv. Er hat seine Schwäche unter kolossal pompösem Auftreten nach außen hin verborgen. Was mir immer auffiel: er hat niemand angesehen, hat immer unter sich gesehen und seine Anordnungen gegeben. Wenn man ihn scharf ins

Auge faßte, hat er immer weggesehen. Er war später der bestgehaßte Mann im Landeshaus."

Es ist dokumentarisch nicht zu belegen, aber auch nicht wahrscheinlich, daß ein subalterner Mensch wie Bernotat nach der offiziellen Einstellung der Euthanasie-Aktion im Jahre 1941 die Tötungen in Hadamar und Eichberg aus eigener Initiative veranlaßt hat. Es werden allgemeine Richtlinien und Anweisungen an besonders vertrauenswürdige Ärzte und Beamte von Berlin ergangen sein, in einzelnen Fällen Tötungen vorzunehmen, wie auch Dr. Mennecke es bezeugte. Daneben hat die SS-Gebietsführung Rheingau und hat der Gauleiter Sprenger anscheinend Bernotat Anweisungen gegeben. So erfolgte auch die uk.-Stellung Menneckes im Jahre 1940 durch das Wehrbezirkskommando Wiesbaden auf Veranlassung des höheren SS- und Polizeiführers Rhein wegen „staatspolitisch wichtiger Belange, die die Erbbiologie betreffen." Es ist also auch anzunehmen, daß die SS als treibende Kraft hinter der sogenannten „wilden Euthanasie" stand und Bernotat von ihr, sowie von der Gauleitung seine Anweisungen erhielt.

Dieser Mann nun hat eine maßgebende und verhängnisvolle Rolle in den hessischen Anstalten gespielt. Er kam manchmal jede Woche in die Anstalten und ließ sich hohe Tagegelder für diese Fahrten zahlen. Nichts durfte ohne seine Einwilligung angeordnet werden. Er hat sich immer wieder beklagt, daß nicht genug Kinder im Kalmenhof getötet wurden und daß Berlin so langsam arbeitete.

Frau Dr. Weber, die leitende Ärztin der Heilerziehungsanstalt Kalmenhof von 1939—1944, wurde besonders von Bernotat terrorisiert, da er spürte, daß sie im Grunde gegen die Euthanasie eingestellt war. Als sie von Gerüchten über die Euthanasie gehört hatte, gab sie ihm die Namen von mehreren Pflegerinnen an, die diese Gerüchte verbreitet haben sollten. Bernotat verhörte dann in Gegenwart von Frau Dr. W. die Pflegerinnen. Darüber sagte die Pflegerin Paula Gerach im Kalmenhof-Prozeß (27. Januar 1947):

„Wir wurden zum Landesrat Bernotat bestellt und es wurde uns gesagt, wir hätten uns gegen die Aktion geäußert und wären auch gegen die Aktion. Ich sagte, daß ich nichts wüßte und nichts erzählen könnte, was ich nicht wüßte. Ich fragte die Frau W., wie sie dazu komme, in welcher Art ich mich geäußert haben sollte. Ich hätte damals die Frau Schmidt (eine 70jährige Patientin, die an Lungenentzündung erkrankt war) nach dem Krankenhaus bringen lassen und hatte ihr gesagt: Kommen Sie ja wieder. Das stimmte. Sie war damals sehr krank. Da sagte Frau W., sie hätte den Zögling Lohne angehalten (ein Psychopath, der eine gewisse Vertrauensstellung in der Anstalt hatte), der hätte das angegeben, was ich gesagt hatte. Ich hätte gezeigt, daß ich gegen die Aktion eingestellt sei. Schwester Maria war dabei, Frau Dr. W., Herr Großmann (der stellvertr. Anstaltsdirektor) und Herr Bernotat. Bernotat war sehr erregt und sehr ausfallend gegen uns geworden. Er fragte uns, ob wir katholisch wären, und als er hörte, wir wären katholisch, sagte er, wir wären alle gleich. Es wäre bekannt, daß die Katholiken gegen die Aktion wären, er würde uns hinbringen lassen, wo wir alle hingehörten, ins KZ."

Von dem stellvertretenden Direktor Großmann hören wir das Gleiche:

„Bernotat hat getobt wie ein Wahnsinniger, auf den Tisch geklopft, geschrien."

Die Zeugin Pflegerin Stahl sagte aus:

„Er (Bernotat) ließ mich gar nicht zu Worte kommen, sagte, ich sollte den Mund halten, ich sei dafür bekannt, daß ich dagegen sei und er ließe mich dahin bringen, wo ich hingehörte, er hätte schon andere dahin gebracht."

Die Bernotat ebenfalls unterstehende Anstalt Hadamar war auf Anweisung der Berliner Dienststelle militärisch aufgezogen: das Personal war kaserniert und es bestand zuerst fast völliges Ausgehverbot. Da es sich bald herumgesprochen hatte, was dort geschah, wurde das Personal von der Bevölkerung gemieden. In der Anstalt war eine große Kantine eingerichtet worden, es bestand also auch keine Notwendigkeit für das Personal, in die Stadt zu gehen. Der gleiche Terror wie von Bernotat ging von seinem Helfer in Hadamar, Klein, aus, der „Direktor" der Anstalt geworden war.

Solange die Vergasungen stattfanden, war Dr. Berner ärztlicher Leiter, ein Oberstabsarzt, der ebenfalls ganz im Sinne Bernotats wirkte und sich nur in Uniform zeigte. Das Personal wurde nie von Dr. Berner gegrüßt; es kannte ihn nur von den Betriebsappellen, wo er Reden über den soldatischen Geist hielt, der in der Anstalt herrschen müsse. Das Personal sollte kein Privatleben haben, die Zimmer und Schränke wurden in ihrer Abwesenheit kontrolliert, die Post wurde zensiert und jeder stand unter schärfster Bewachung durch den Polizeioberleutnant Berger und Bünger, einem Beamten der Gestapo. Auch unter den Pflegern waren mehrere Mitglieder des SD. Von 1936 ab waren die Pfleger der hessischen Anstalten nach der Parteizugehörigkeit ernannt worden; es waren meist Arbeitslose, die als alte Kämpfer ein Recht auf eine Staatsstellung hatten. Sie fügten sich der Parteidisziplin, waren aber im Ganzen nicht lieber als die alten Pfleger in der Anstalt und versuchten, sich heimlich zur Front zu melden, was aber nur wenigen gelang. Meist wurden sie telegraphisch von Berlin aus uk. gestellt oder zurückgerufen, bevor sie den Truppenteil erreichten.

Auch untereinander durften sie nicht über die Vorgänge in der Anstalt sprechen, jeder fürchtete den Anderen und redete darum auch nicht mit ihm. Als die Pflegerin L. T. mit dem Oberpfleger über die Euthanasie sprach, meldete er sie bei Klein, der sie anschrie: „Du faule Sau, nächstes Mal kommst Du dran!" Der Pfleger Küchle hatte einmal in einer Wirtschaft in der Stadt über die Vergasungen geredet; er wurde sofort wegen angeblichen Diebstahls verhaftet und ins KZ gebracht, wo er bald an einem Herzschlag gestorben sein soll. Ein anderer, Kircher, war 10 Tage in Haft, weil er vom „Backofen" in der Anstalt gesprochen hatte, wurde aber als PG entlassen. Diese abschreckenden Beispiele verhinderten weitere Vertrauensseligkeiten innerhalb der Anstalt.

Es war verboten, den Keller, wo der Vergasungsraum und das Krematorium sich befanden, zu betreten, und die dort diensttuenden Wärter waren zu besonderem Schweigen verpflichtet. Nur einmal, zur Feier der 10 000. Leiche, wurde das ganze Personal in den Vorraum des Krematoriums befohlen, wo eine nackte Leiche, mit Blumen geschmückt, vor dem Verbrennungsofen aufgebahrt lag. Klein hielt eine kurze Ansprache über die Bedeutung der Anstalt; ein anderer, wahrscheinlich Berger von der Gestapo, hatte sich eine Jacke umgekehrt angezogen und hielt im singenden Ton eine Leichenrede. Die Anwesenden empfanden diese „Feier" und die Nachäffung eines Priesters als besonders zynische Verhöhnung der Kirche und mißbilligten sie, ohne aber Einspruch zu wagen. Nach den Reden wurde jedem eine Flasche Bier ausgehändigt.

Mit ähnlichen Verhöhnungen und Drohungen sollten die Angestellten der hessischen Anstalten dazu bewegt werden, aus der Kirche auszutreten. Gerade auf diesem Gebiet ging ein besonders starker Druck von Landesrat Bernotat aus. Das wirkte sich auf die ganze Umgebung aus; der Pfarrer der benachbarten Gemeinde Oberweyer wagte nicht einmal in seiner strenggläubigen Gemeinde eine Andeutung über die Vorgänge in der Anstalt zu machen, so sehr fürchtete er den Terror Bernotats. Er verlas den Hirtenbrief des Bischofs von Limburg (siehe „Die Wandlung", Heft 3, Jahrgang 2) über die Euthanasie ohne Kommentar und sagte vor Gericht als Zeuge, er sei der Sache nicht nachgegangen, sie sei ihm zu gefährlich gewesen.

Die gemeinsamen Mahlzeiten wurden durch das Absingen der nationalsozialistischen Kampflieder abgeschlossen. Wer da nicht mitmachte, wie einmal der Pfleger Haertle, wurde von dem Gestapobeamten B. angeschrien: „Du Lump, Du Verräter, Du Aufwiegler! Volksverräter wie Du kommen ins KZ ich hau Dir in die Fresse, wenn Du nicht mitsingst, singen ist Dienst!" — Dienst war alles, der Frühsport, das Essen, die Saufereien, das Töten, Verbrennen und das Beerdigen, als die Vergasungen aufgehört hatten und die Leichen im Friedhof begraben wurden.

Bezeichnend ist, daß das Gerücht unter den Sekretärinnen der Trostbrief-Abteilung umging, die „Herren" würden am Ende der Euthanasie-Aktion das gesamte Personal zu einer Dampferfahrt einladen, um die erfolgreich durchgeführte Aktion zu feiern und es sei geplant, daß keiner von dieser Fahrt heimkehre, da der Dampfer untergehen würde.

Weder Bernotat noch Klein waren Ärzte, und es ist überhaupt zu beobachten, daß Beamte, die keine Ärzte waren, im allgemeinen den stärkeren Terror ausübten. Doch gibt es unrühmliche Ausnahmen gerade an höchsten Stellen, wie Dr. Linden vom Reichsinnenministerium, Prof. Stähle, ein fanatischer Nationalsozialist, der Leiter des Gesundheitswesens in Württemberg, und Dr. Schreck, Anstaltsdezernent beim badischen Innenministerium, der auf der Räumung der badischen Anstalten bestand und die Maßnahmen rigoros durchführte.

In der Anstalt Grafeneck in Württemberg, wo mindestens der gleiche Terror wie in Hadamar herrschte, haben die Übergriffe sogar die Schließung auf Veranlassung Himmlers bewirkt. Das dortige Personal war wegen seiner Roheit berüchtigt. Die Empörung der Bevölkerung in der Umgebung Grafenecks hatte sich zu deutlich bemerkbar gemacht, als daß sie noch länger übersehen werden durfte. Himmler schrieb darauf an Viktor Brack am 19. 12. 1940 (Dok. Nr. 018) und machte ihn auf die große Erregung, die in der Bevölkerung wegen der Anstalt Grafeneck herrsche, aufmerksam. Er riet ihm, die Verwendung der Anstalt als Tötungsstation einzustellen und in kluger und vernünftiger Weise aufklärend zu wirken, z. B. durch Filme über Erb- und Geisteskranke, die in der dortigen Gegend gezeigt werden müßten. Grafeneck ist im Januar 1941 geschlossen worden.

Grafeneck war durch einen hohen Stacheldrahtzaun von der Umgebung abgesondert; Schilder warnten vor Betreten des Sperrgeländes und bewaffnete Wachen bemächtigten sich jeder Person, die diese Verbote nicht beachtete. Eine Schwester der Heil- und Pflegeanstalt Wiesloch in Baden verfiel nach Abtransport ihrer Pfleglinge in eine tiefe Depression wegen der Ungewißheit über deren Schicksal. Sie wußte, daß sie nach Grafeneck kommen sollten und wollte sich vergewissern, was das für eine neue Heilanstalt sei, von der ihr niemand etwas sagen konnte. Um zu ihrem Ziel zu gelangen, nahm sie sich Urlaub und fuhr ohne Wissen ihrer Anstalt nach Münsingen, der Bahnstation von Grafeneck. Als sie sich schließlich der Anstalt über die Felder näherte und an den Tafeln vorüber kam, erschien die SS-Wachmannschaft, jagte sie und nahm sie fest. Auf die Frage, was sie da zu suchen habe, fragte sie nach ihren Patienten, worauf ein SS-Mann lachend antwortete: „Die haben Grafeneck so gern, daß sie es nie wieder verlassen wollen.“ Nach Rücksprache mit Wiesloch wurde dann die Schwester verwarnt und fortgeschickt und kam in Wiesloch in einem Zustand völliger Verwirrung an, der sich erst nach längerer Zeit legte. (Dok. L. 169.)

Leider ist es der öffentlichen Meinung nicht klar geworden, daß sie auch im nationalsozialistischen Staat eine Macht darstellte, gegen die der stärkste Terror im Grunde wenig hätte ausrichten können, wenn sie konsequent aufgetreten wäre. Die Schließung von Grafeneck und der spätere „Stop" der Euthanasie-Aktion sind der beste Beweis für die Stärke der öffentlichen Meinung.

Die Pfleger und Ärzte, die unter dem Druck des Terrors standen, übten ihn im allgemeinen wieder auf die Patienten aus. Für widerspenstige Patienten wurde in der hessischen Anstalt Eichberg ein „Bunker" eingerichtet; das waren Kellerräume, die als Zellen eingerichtet waren und nur sehr spärliches Licht durch die mit starken Eisenstäben vergitterten Fenster bekamen. Es gab auf der Männer- und auf der Frauenseite je einen Bunker mit mehreren Strohsäcken, die meist verfault waren, und einige Einzelzellen. Wer in den Bunker kam, wurde auf noch magerere Kost gesetzt, wenn es nicht andern Patienten gelang, ihm etwas Essen hineinzuschmuggeln, was aber schwere Strafen nach sich zog. Der Aufenthalt im Bunker dauerte einige Tage bis mehrere Wochen; niemand wurde verschont, sogar der morphinistische Arzt Dr. B. und der Pfarrer i. R. Johannes Boy bekamen eine Bunkerstrafe.

Es liefen die unglaublichsten Gerüchte und Geschichten über die Ärzte und Pfleger in der Anstalt um. Zahlreiche Patienten und Angehörige haben dem Frankfurter Gericht geschrieben und sich als Zeugen zum Beweis unmenschlicher Grausamkeiten bei sich oder ihren Angehörigen gemeldet. Nach den objektiven Schilderungen Dr. B.'s und Dr. L.'s, eines anderen Morphinisten, hat sich der Oberarzt Dr. Schmidt stets korrekt gezeigt, der Direktor Dr. Mennecke ließ sich nur selten in der Anstalt sehen. Doch war Dr. Schmidts Ton zu den Patienten der Anstalt stets kalt und unpersönlich; von ihm aus geschah nichts, die lastende Atmosphäre des Mißtrauens zu zerstreuen. Es ist wohl kein Zufall, daß die Geisteskranken in ihren Wahnvorstellungen ein so einheitliches Bild von ihm entwerfen; Wahnkranke fanden in solcher Anstalt allzu viel Stoff zum Ausbau ihrer Verfolgungsideen. Jede Spritze wurde als Todesspritze aufgefaßt; die Elektroschock-Kuren schienen ihnen sadistische Quälereien, beruhigende Kaltpackungen steigerten nur weiter die Abwehr. Überhaupt scheint bei den Patienten eine übermäßige Erregung und

Angst bestanden zu haben, die dann mit Spritzen, Packungen oder Bunkerstrafen bekämpft werden mußten. Sogar die Pfleger weigerten sich, ganz gewöhnliche Beruhigungsspritzen oder Kreislaufmittel auf Anordnung des Oberarztes zu geben, da sie sie für übergroß oder giftig hielten; so wenig besaß er das Vertrauen der ihm Unterstellten.

Als der Eichberg für Besuche gesperrt und ein Sprechtag für Angehörige in Wiesbaden eingerichtet wurde, berichtete der Arzt, der diese Sprechstunde leitete, an den Leiter von den „üblichen Schwierigkeiten mit den Angehörigen", die sich aber nach einiger Zeit beruhigen ließen. Die Klagen der Kranken selbst ließen sich für solche Ärzte leicht durch krankhafte Wahnvorstellungen erklären und brauchten also nicht ernst genommen zu werden. Die unliebsamen Fragen der Angehörigen waren schon schwerer abzutun; doch gab es auch dafür eine billige Erklärung: die erbliche Veranlagung der Familie des Kranken. Wie raffiniert dieses Argument als Drohung gegen einen gebildeten Menschen angewendet wurde, zeigt folgender Briefwechsel Dr. Schmidts mit dem Vater eines verstorbenen Kranken:

6. 1. 1944

An die Direktion der Landesheilanstalt Eichberg.

Am Anfang des neuen Jahres möchte ich um Auskunft über die derzeitigen gesundheitlichen Verhältnisse und den Zustand des seelischen Leidens unseres Sohnes Hans H. bitten. Ist seine Krankheit als eine Schizophrenie anzusehen? Hat sie sich von einem noch Heilung erwartenden Anfangsstadium zum Schlimmeren entwickelt, so daß eine Gesundung nach ärztlichem Gutachten ausgeschlossen erscheint? Ist es nicht möglich unseren Sohn soweit zu bringen, daß er wieder voll arbeitsfähig wird? Womit wird er zur Zeit beschäftigt?

F. H.

Eichberg, 14. 1. 1944

Herrn Fr. H., St.

Der Zustand Ihres Sohnes Hans H. hat sich noch nicht gebessert. Zu einer regelmäßigen Arbeit hat er keine Neigung. Vorübergehend hat er sich im Hause und bei der Außenarbeit beschäftigt. Dann hat er wieder die Arbeit eingestellt, weil er angeblich nicht hierher gehöre, und die Absicht zu entweichen geäußert. Er ist noch recht einsichtslos und bedarf der weiteren Anstaltspflege. Körperlich geht es ihm gut.

Der Direktor i. V.

Eichberg, 5. 4. 1944

Herrn Fr. H., St.

Im Anschluß an unser heutiges Telegramm teilen wir Ihnen hierdurch mit, daß Ihr Sohn, der Patient Hans H., geb. am 23. 1. 1909 in Stuttgart, am 4. 4. 1944, mittags 12.30 Uhr in unserer Anstalt von seinen unheilbaren Leiden durch einen sanften Tod erlöst worden ist.

Heil Hitler! Der Direktor i. V.

Stuttgart, 22. 4. 1944

An die Direktion der Landesheilanstalt Eichberg.

Wir sind durch das plötzliche Ableben unseres Sohnes Hans H. tief erschüttert und umso mehr überrascht, als uns von einem *unheilbaren* Leiden trotz wiederholter Erkundigung nach seinem tatsächlichen Gesundheitszustand seitens der Anstalt nie etwas Näheres bekannt gegeben war. Auch Ihr letztes Schreiben enthält hierüber keinerlei genaue Angaben. Wir ersuchen Sie deshalb höflichst um Auskunft über die vermutliche Entstehung und den Verlauf der uns nicht näher bezeichneten Krankheit, die zum Tode führte. Wir hatten aus dem Gespräch der bei uns Mitte Februar erschienenen Pfleger keineswegs den Eindruck gewonnen, daß sein Leiden sich derartig verschlimmert hatte, sonst hätten wir uns zu einem sofortigen Besuch entschlossen. Nachdem aber zwei unserer bei der Beerdigung ihres Bruders auf dem Eichberg zugegengewesenen Kinder festgestellt hatten, daß Hans seit zwei Monaten bettlägerig war, empfinden wir es als eine Rücksichtslosigkeit ohnegleichen uns Eltern gegenüber, durch das Verschweigen des wahren Krankheitsbildes, uns die Möglichkeit eines rechtzeitigen Besuches und eines Wiedersehens mit unserem Sohn wohl absichtlich genommen zu haben.

F. H., Philologe i. R.

28. 4. 1944

Herrn Fr. H., Philologe i. R.

Es ist Ihnen wiederholt geschrieben worden, zuletzt am 14. 1. 44, daß der Zustand Ihres Sohnes Hans H. sich nicht gebessert habe. Er wurde zeitweilig im Wachsaal im Bett gehalten. Am 17. März erkrankte er mit Fieber und Kopfschmerzen, offenbar an einer Grippe, an der auch andere Patienten vorübergehend litten. Sein Zustand verschlimmerte sich leider. Zu dieser Zeit fanden in Frankfurt a. M. die Terrorangriffe statt. Die Frankfurter Nervenklinik war vorübergehend in unsere Anstalt verlegt. Bei der starken Inanspruchnahme der Ärzte ist es leider versäumt worden, Sie von der Möglichkeit eines ungünstigen Ausgangs der Erkrankung Ihres Sohnes zu benachrichtigen. Ein Trost kann Ihnen bei dem Schmerz über den Verlust Ihres Sohnes der Gedanke sein, daß ihm dadurch ein langer Anstaltsaufenthalt erspart geblieben ist, der ihm bei der Art seines Leidens (Schizophrenie) sonst zuteil geworden wäre.

Der Direktor i. V. (Schm.)

An die Landesheilanstalt Eichberg.

St., 10. 5. 1944

Auf das Schreiben des Direktors i. V. vom 28. 4. teile ich ihnen mit:

Wie die magere und karge, den Körper nicht widerstandsfähig erhaltende „Eichberger“ Kost, die auch bei anderen Pfleglingen nach ihren eigenen Aussagen eine Arbeitsleistung völlig ausschließt, sich auswirkt, das sahen meine Angehörigen entsetzt beim Anblick ihres toten Bruders, der klapperdürr und zum Skelett abgemagert im Sarg lag. Er bedarf allerdings jetzt keiner weiteren Anstaltsbehandlung mehr. Man muß sich doch unwillkürlich fragen, was haben Sie aus unserem körperlich gut entwickelten, kräftigen Sohn durch „Anstaltsbehandlung“ gemacht? Wie konnten Sie da noch in Ihren beiden einzigen Schreiben, die ich auf Grund einer Anfrage von dort erhielt, auf Bitte um eine genaue Angabe seines tatsächlichen Gesundheitszustandes und die Art seines Leidens der Wahrheit zuwider erklären: „Körperlich geht es ihm gut“? Pfleglinge erzählten mit Bestimmtheit von einer zweimonatigen

Bettlägerigkeit, auch habe er oft über große Schmerzen im Unterleib geklagt. Ein in solch trauriger körperlich und geistiger Verfassung sich befindender Mensch könnte die zum Entweichen nötige physische und psychische Kraft unmöglich aufbringen und hat eine Flucht sicher nur in seiner Phantasie ausgemalt. Die Sache erscheint also reichlich dunkel.

F. H.

Eichberg, 16. 5. 1944

Sehr geehrter Herr Philologe i. R.!

Wir bestätigen den Inhalt Ihres Schreibens vom 10. 5. 44. Im Laufe der Jahre mußten wir den Undank Angehöriger *erblich* geisteskranker Patienten wiederholt spüren. Wir haben Ihnen in unserem Schreiben vom 28. 4. 44 eingehend über das Ableben Ihres Sohnes Nachricht zukommen lassen. Sie scheinen aber, da Sie im Ruhestand leben, die ungeheure Belastung der Anstalt und die Ansprüche, die an die Anstaltsärzte gestellt werden, doch nicht zu verstehen. Wir waren leider durch kriegsbedingte Umstände nicht in der Lage, Ihnen vom bevorstehenden ernsteren Ausgang des Leidens Ihres Sohnes unaufgefordert Kenntnis zu geben, ein Ausgang, der übrigens nur zum Wohle des Kranken selbst eine Erlösung darstellte. An die Aussagen Geisteskranker, die verständlicherweise nicht gern interniert sind, dürfen Sie sich nicht halten. Es wird Ihnen geraten, in diesem Falle sich an die Aussagen zuverlässiger Ärzte zu halten.

Wir weisen entschieden zurück, wenn Sie uns den Vorwurf machen, die Sache scheine Ihnen „reichlich dunkel". In Anbetracht der Erblichkeit der Erkrankung Ihres Sohnes nehmen wir jedoch Abstand, Ihnen dies zu verübeln. Wir raten Ihnen jedoch dringend, sich in Zukunft Behörden gegenüber reservierter zu verhalten.

Wir stellen jedenfalls fest, daß Sie sich bis zum Tode Ihres Sohnes recht wenig um Ihr Kind gekümmert haben. Bei dieser Gelegenheit möchten wir festgestellt haben, daß wir alle die uns heute bei dieser Art von Erkrankungen zur Verfügung stehenden Kuren wie Elektroschock-Kuren und Insulinkuren angewandt haben, um den Zustand zum Günstigen zu beeinflussen. Auch gaben wir ihm reichlich Gelegenheit, sich durch Beschäftigung im Freien Kostzulage und frische Luft zu verschaffen. Ihr Sohn hat jeden Versuch in dieser Hinsicht aus krankhaften Motiven abgeschlagen. (Folgt Beschreibung Grippe.)

Ihre Anspielung auf die Eichberger Kost weisen wir entschieden zurück. Unsere Kranken erhalten jedenfalls die ihnen zur Zeit des Krieges zustehenden Rationen. Wir können nicht umhin, zu bemerken, daß Sie anscheinend die Schwere der Zeit in Bezug auf die Ernährung immer noch nicht verstehen und bedauern lebhaft, daß Sie deswegen der Anstaltsleitung einen unberechtigten Vorwurf machen wollen.

Heil Hitler! Der Direktor i. V. (Schm.)

Die Antwort Herr H's beschränkt sich wesentlich darauf, die Vorwürfe, er habe sich nicht um sein Kind gekümmert, er lebe fern der Welt im Ruhestand und er sei geistig nicht gesund, in würdiger Form zu beantworten und darauf hinzuweisen, daß er über den Zustand und die letzte Krankheit seines Sohnes bis dahin nicht aufgeklärt worden war. Darauf erhielt er folgenden Brief:

Eichberg, 12. Juni 1944

Herr Fr. H., Philologe i. R.

Die Art und der Ton Ihres Schreibens vom 5. 6. 1944 geben mir Veranlassung, psychiatrische Erwägungen über Sie anzustellen. Ich kann daher nicht umhin, Ihnen mitzuteilen, daß ich, falls Sie uns weiter mit Ihren Briefen belästigen, gezwungen bin, Sie durch den Amtsarzt untersuchen zu lassen. Letzten Endes haben Sie es mit einer öffentlichen Dienststelle zu tun, die Sie nicht nach Ihrem Belieben angehen können.

Der Direktor i. V. (Schm.)

Dr. Schm. sagte selber in seinem Prozeß in Frankfurt: „Wir haben ständig Streitigkeiten mit den Angehörigen gehabt, Angehörige von Geisteskranken sind so schwierig."

Eine Ausnahme in Eichberg war die Schwester Rita Fischer, die eine ganz andere Atmosphäre um sich hatte und von den Patienten geliebt wurde. Als einzelner Mensch konnte sie nicht die Anstalt ändern, aber viele Zeugen haben ausgesagt, wie wohl sich ihre Angehörigen fühlten, als sie der Obhut Schwester Ritas anvertraut wurden, im Gegensatz zu den ständigen Klagen auf anderen Stationen. So ist es sogar möglich gewesen, in einer Anstalt wie Eichberg dem Terror entgegenzuwirken und das Vertrauen der Kranken zu erwerben. Das Bild der Euthanasie ist im allgemeinen so düster, daß man jedem Einzelnen dankbar sein muß, der sich so wie diese Schwester dem Terror entgegengestellt und die menschlichen Werte auch angesichts der Brutalität eines Bernotat still aber wirksam vertreten hat.

WIDERSTÄNDE GEGEN DIE EUTHANASIE

Das Bild der Euthanasie wäre unvollständig ohne eine Schilderung der Widerstände gegen ihre Durchführung. Ich möchte hier nicht auf die bereits ausführlich veröffentlichten Widerstände der Kirchen eingehen[26], sondern vor allem von den Widerständen sprechen, die von ärztlicher Seite der Euthanasie-Aktion entgegengesetzt wurden.

Selbst bei den Ärzten, die im Prinzip die Euthanasie bejahten, stieß die Ausführung, die mehr einem Massenmord glich als der von ihnen vertretenen „Erlösung von einem lebensunwerten Leben" auf Ablehnung. So schied der Leiter der Euthanasie-Aktion, Prof. Werner Heyde, im Spätsommer 1941 aus, weil ihm die Grenzen überschritten schienen.

Zahllos sind die praktischen Ärzte in Stadt und Land, die Patienten nicht in Anstalten einlieferten oder sonst schützten. Es schien immerhin nicht ungefährlich, sich gegen die bestehenden Tendenzen aufzulehnen oder zu viel von der so geheim gehaltenen „Euthanasie" zu wissen. Wer die damalige Zeit als praktischer Arzt erlebt hat, wird sich noch erinnern, wie ihm die Hände gebunden waren und Hilfe eigentlich nur in Einzelfällen und verstohlen durch persönliche Initiative möglich war. Aber gerade diese zahlreichen Einzelfälle von Widerstand in ganz Deutschland, die Aufklärung von nichtsahnenden Angehörigen, das Verschleiern von Krankheitsbildern hat viele Geisteskranke vor der Anstalt und dem Tod bewahrt. Es hat aber auch nicht unwesentlich zur Beeinflussung der öffentlichen Meinung in Stadt und Land beigetragen. Und wenn im Jahre 1941 die organisierte Euthanasie-Aktion infolge des passiven Widerstandes im Volke und der Hartnäckigkeit, mit der sich die öffentliche Meinung gegen die Euthanasie aussprach, ein Ende fand, so ist eine der Ursachen auch die Haltung dieser Ärzte.

Wichtiger war aber doch die passive Resistenz, die viele Anstaltsdirektoren der Euthanasie entgegensetzten, als sie endlich verstanden, was der Sinn der „planwirtschaftlichen" Verlegungen war. An vielen Stellen haben die Älteren und Erfahreneren unter ihnen die Möglichkeiten benutzt, um so viele Patienten wie möglich zu retten. Mehrere Leiter von großen Anstalten, die jetzt wieder im Dienst stehen, wie Dr. Altvater von Hadamar und Dr. Roemer von Illenau (jetzt Stuttgart) setzten auch unter großen Schwierigkeiten ihre Pensionierung durch, weil sie sich außerstande sahen, die Tötungen aufzuhalten. Beide haben den Krieg über als Oberärzte kleiner Anstalten gearbeitet. In den Frankfurter Prozessen haben die Ärzte der Anstalten Weilmünster, Herborn und Eichberg ausführlich die damalige Zeit geschildert. Es ist heute allerdings leicht, zu sagen, daß noch mehr hätte verhindert werden können, wenn die Ärzte größerer Bezirke geschlossen ihr Amt niedergelegt hätten: es soll dabei nicht verschwiegen werden, daß auch seitens der Anstaltspsychiater vielleicht noch mehr hätte getan werden können. Das Argument der meisten im Nationalsozialismus Einflußreichen, sie seien geblieben, um Schlimmeres zu verhindern, ist von zahlreichen Anstaltsärzten, unter anderem auch von Prof. Nitsche, benutzt worden. Es erübrigt sich, hier darauf einzugehen. Manchen war der Fortfall der „Ballastexistenzen" wohl auch nicht unwillkommen, wenn sie ihn nicht selber verantworten mußten. Doch haben im ganzen die Psychiater wohl gewußt, daß die Euthanasie das sachliche und moralische Ende der Psychiatrie und einen unheilbaren Bruch im Vertrauensverhältnis zwischen Arzt und Kranken bedeutet hätte; eine Ausnahme bildeten die politisch vom Nationalsozialismus geschulten und aufgehetzten Parteikreise der Ärzteschaft. Der Kreis derjenigen, die aktiv Widerstand leisteten, ist zwar nicht sehr groß, vielleicht ebenso groß wie der der aktiven Anhänger der Euthanasie gewesen, doch haben in diesem Falle auch die Lauen durch ihr Zögern als Hemmschuh der Vernichtungsaktion gewirkt.

An dem Beispiel einer kleineren Privatanstalt wie Göppingen, wo Dr. Roemer, der frühere Direktor von Illenau, während des Krieges als Oberarzt wirkte, läßt sich zeigen, welche Möglichkeiten des Kampfes gegen die Behörden bestanden. Die leitenden Ärzte waren, wie in allen anderen Anstalten, aufgefordert, Verlegungen ihrer Patienten vornehmen zu lassen. Anstatt aber wie viele andere untätig zu verharren, nahmen sie den Kampf um jeden einzelnen Kranken mit dem allmächtigen Leiter des Gesundheitsamtes am württembergischen Innenministerium, Dr. Staehle, auf. Der Erfolg war, daß nur ein kleiner Teil der Patienten verlegt werden mußte, nämlich 3 Prozent gegenüber 50 Prozent in anderen Anstalten. Bei diesen Verhandlungen war jedes Argument, das einem Patienten das Leben retten konnte, recht. Und für viele Patienten ließen sich Gründe finden, die sein Verbleiben in der Anstalt wünschenswert machten: Einer hatte einen Verwandten in der SS, ein andrer einen in einflußreicher Stellung oder im Ausland; ein andrer hatte einen in der ganzen Gegend geachteten Namen oder hatte früher selber eine Rolle im öffentlichen Leben gespielt. Sachliche Gesichtspunkte wie der Geisteszustand des Kranken spielten keine Rolle. Es gab ja auch keine Berufungsinstanz gegen die Verlegungen, bei der sachliche Gegengründe hätten vorgebracht werden können.[27]

Als die Anstaltsdirektoren merkten, was mit den Meldebogen bezweckt wurde, haben sie die Bogen ganz allgemein gefälscht, so daß immer wieder Kontrollkommissionen nötig wurden, die auch mit Drohungen nicht sparten.

Trotz des rigorosen Verbotes wurden Patienten, wenn irgend möglich, vorzeitig entlassen oder die Angehörigen wurden heimlich benachrichtigt, und nicht nur von Ärzten, sondern auch vom Pflegepersonal. In den Frankfurter Prozessen haben mehrere Entlastungszeugen ausgesagt, daß ihre jetzt im Erwerbsleben stehenden Angehörigen auf Veranlassung einer Schwester oder eines Pflegers herausgeholt wurden. Die Angaben der einzelnen Ärzte über die Anzahl der zurückgehaltenen Patienten schwankt, in einigen Anstalten sind 50 Prozent der Stammpatienten wie beabsichtigt abtransportiert worden. In anderen konnten 20—30 Prozent von den Transporten zurückgehalten werden. Die Direktoren der Anstalten Herborn und Weilmünster schätzten, daß es ihnen gelungen sei, je 100 Patienten von den

Listen zu streichen, was etwa 25 Prozent der aus diesen Anstalten nach Hadamar verlegten Patienten bedeutete. Nach den Ausführungen der Anstaltsdirektoren über die württembergischen Anstalten [28] sind dort durch geschickte Verlegungen innerhalb der Anstalten und Zurückstellungen bis zu 75 Prozent der Patienten gerettet worden. Doch ist, gerade am Anfang, viel zu wenig getan worden und zahllose Menschen, die keineswegs „geistig tot" und „nutzlose Esser" waren, sind beseitigt worden, weil sie sich wegen eines leichten geistigen Defekts in einer Anstalt befanden. Es kann auch nicht verallgemeinernd gesagt werden, daß jeder, der Kranke von Transporten zurückhielt, damit Widerstand gegen die Euthanasie leistete. Sogar Dr. Mennecke hat 80—100 seiner Patienten auf Vorschlag des Personals zurückstellen lassen, und führte dies zu seiner Verteidigung an, wie auch jeder einflußreiche SS-Offizier „gute" Juden gerettet haben will.

Am konsequentesten war die Haltung der kirchlichen Anstalten, und es wurde auch mit der Ausräumung dieser Anstalten im allgemeinen gewartet, bis die anderen Anstalten bearbeitet waren. Dieser Scheu vor den kirchlichen Anstalten ist es zu verdanken, daß z. B. aus Bethel kein einziger Patient abtransportiert wurde. Die dortigen Ärzte hatten sich geweigert, Meldebogen auszufüllen, als Gerüchte über ihren Zweck sich verbreiteten, so daß eine Kommission der Euthanasie-Organisation, an der auch Dr. Mennecke teilnahm, im Sommer 1941 zur „Groß-Aktion" in Bethel eingesetzt wurde. Der offizielle Einstellungsbefehl Hitlers verhinderte, daß die von der Kommission ausgesuchten Kranken abtransportiert wurden.

Die leitenden Beamten der Fürsorgeverbände und des Gesundheitswesens bei den Innenministerien und Provinzialverwaltungen scheinen im Allgemeinen, auch wenn sie Ärzte waren, weniger Widerstand geleistet zu haben als die den Kranken näheren und mit ihnen verwachsenen Anstaltsärzte. Doch auch da hat es Ausnahmen gegeben. In Franken fanden die Ärzte der Neudettelsauer Anstalten Helfer in den Beamten des Landesfürsorgeverbandes, besonders in dem Vorsitzenden Dr. Rabick. Da die Verlegungen angeblich aus Sparmaßnahmen erfolgen sollten, erklärte er sich bereit, dies wörtlich zu nehmen und die Patienten in der Diakonissenanstalt zu lassen, wenn Freiplätze für sie geschaffen werden könnten. Als der Diakonissenverband unter erheblichen Opfern die Freiplätze zur Verfügung stellte, entließ er die Patienten aus dem Landesfürsorgeverband und widerrief ihre Verlegung in andere Anstalten. — So eigenmächtig handelten sonst die Beamten nicht. Meist war es nur ein stillschweigendes Dulden oder lahme Kontrollen, die den Ärzten eine Rettung der Patienten ermöglichte, nicht aktive Hilfe für die bedrängten Anstalten. So berichtet Dr. Schieße von einer Kontrolle der Anstalt Herborn durch einen Herrn der Berliner Euthanasie-Dienststelle, die nur eine milde Warnung wegen falsch ausgefüllter Meldebogen zur Folge hatte.

Die evangelische Kirche mit ihren zahlreichen Anstalten hat in unermüdlicher Kleinarbeit gegen die Euthanasie gekämpft und ebenso wie die katholische Kirche wirkungsvoll protestiert. Pastor P. Braune, Vizepräsident des Zentralausschusses der Inneren Mission, hat bereits Anfang 1940 Dokumente und Berichte über die Euthanasie gesammelt und ist mit seinem Protest bis an die höchsten Stellen gekommen, nämlich durch die „Kanzlei des Führers" zu Hitler selbst, der versprach, in Zukunft werde die Euthanasie „anständig" — das heißt wohl: geheimer — durchgeführt werden. Er schildert in seinem oben erwähnten Artikel sehr anschaulich, wie er zuerst zu vier Ministern vordrang, um zu erfahren, von wo aus die Vernichtungsmaßnahmen ausgingen, — die Minister waren ebenso entsetzt wie er über die nicht zu widerlegenden Beweise. Schließlich wurde er mit Pastor von Bodelschwingh an der zuständigen Stelle empfangen und hatte eine temperamentvolle Aussprache mit Dr. Linden und Viktor Brack, die sogar angesichts des Tatsachenmaterials die Anklagen Pastor Braunes als „Schauermärchen" behandeln wollten und schließlich zu Drohungen übergingen. Pastor Braune verfaßte dann auf Wunsch des Reichsjustizministers eine Denkschrift über die Vorgänge, die ihm eine mehrmonatige „Schutzhaft" eintrug, weil er Maßnahmen des Staates und der Partei sabotiert habe. Seiner Standhaftigkeit ist es zu verdanken, daß aus seinen Anstalten keine Transporte stattfanden. Es ist von Interesse zu erfahren, daß Prof. Sauerbruch, empört über den Mißbrauch medizinischer Gesichtspunkte bei der Euthanasie, sich ihm bei seinem Protest bei Reichsminister Gürtner anschloß.

Wenn auch auf den Universitäten rassenpolitische und vererbungswissenschaftliche Vorlesungen für die Verbreitung der offiziellen Parteiauffassungen von Volk und Rasse sorgten und die Rassenpolitischen Ämter der NSDAP unermüdlich die Minderwertigkeit der Geisteskranken predigten, haben sich die meisten Ordinarien für Psychiatrie von der „Euthanasie“ ferngehalten, mehrere sogar sich energisch dagegen gestellt, allerdings ohne einen Erfolg zu erzielen.

Es sind einmal, nach der Aussage von Prof. Heyde und Viktor Brack, 8 Ordinarien und 3—4 Extraordinarien deutscher Universitäten bei einer Besprechung im Amte Bracks zugegen gewesen, und nur einer habe gegen die Euthanasie-Aktion protestiert und sich geweigert, mitzuarbeiten: Prof. Ewald aus Göttingen. Die Namen der übrigen Anwesenden wurden von Heyde nicht genannt, und aus den Dokumenten ist nur zu ersehen, daß Prof. de Crinis, Prof. Carl Schneider und Prof. Heyde als deutsche Ordinarien eine Funktion im Euthanasie-Programm ausübten. Prof. Büchner, dem Freiburger Pathologen, ist zu verdanken, daß der Propaganda-Film „Ich klage an“ in Freiburg von Studenten ausgepfiffen wurde. Er äußerte sich in einer Studentenversammlung, die aus andern Gründen einberufen war, scharf gegen die Euthanasie und den Film und es gelang ihm so, die Studenten mitzureißen.

Zu den Widerständen gegen die Euthanasie können auch die Widersetzlichkeiten des Personals von Hadamar gegen Anordnungen des „Direktors“ Klein gerechnet werden. So ist mehrfach bezeugt, daß Dr. Wahlmann und die Oberschwester einem Geistlichen heimlich den Zutritt zu den Krankenstationen ermöglichten; es wurde sogar einmal ein Gottesdienst auf seine Veranlassung abgehalten, was ihm die schwersten Bedrohungen Kleins eintrug. Das Verhalten der Oberschwester ist besonders erstaunlich, da sie Klein vollständig ergeben war.

In den Anstalten, deren Zusammensetzung wir durch die Prozesse näher kennen, ist durchweg zu beobachten, daß das Personal unter den Verhältnissen litt und schwere nervöse Störungen hatte. Wir hören von Pflegern, die fortwährend weinten und auf Erholungsurlaub geschickt werden mußten; von Sekretärinnen, die versuchten, ihre Dienstverpflichtung rückgängig zu machen und die eine sonst vielleicht nicht so willkommene Schwangerschaft begrüßten; von verzweifelten Pflegerinnen, die von Träumen verfolgt wurden. So kann man wohl behaupten, daß die größte Zahl der an der Aktion Beteiligten innere Widerstände gegen die Ermordungen hatte. Dies berechigt mit zu der Hoffnung, daß die deutsche Psychiatrie und Irrenpflege die Versuchung der „Euthanasie" als eines des Menschen unwürdige Barbarei überwinden wird und zu ihrer humanen Tradition zurückfindet.

Schließlich soll noch ein aufschlußreiches Dokument hier seine Stelle finden, aus dem zu ersehen ist, daß auch innerhalb der jungen Ärzteschaft, die von der herrschenden Gedankenrichtung mehr oder weniger stark beeinflußt wurde, das Gefühl für die tiefe menschliche Fragwürdigkeit des ihr zugemuteten „ärztlichen" Handelns nicht auszulöschen war. Mit Mut und Takt, ohne viel Aufhebens hat sich hier ein junger Arzt der Euthanasie entzogen und damit eine Selbständigkeit bewiesen, wie sie nur selten unter dem Nationalsozialismus zu finden war. Unter der Korrespondenz des Leiters von Haar-Eglfing fand sich folgender Brief des Arztes Dr. F. H., dem er die Euthanasie auf der neugegründeten Reichsausschuß-Station anvertrauen wollte, eines Arztes also, der sicher die Maßnahmen des Nationalsozialismus nicht prinzipiell ablehnte, aber für seine eigene Person andere Wege ging. Er fühlte sich verpflichtet, sich seinem Chef gegenüber mit seiner „Schwäche" zu entschuldigen, einer Schwäche, die von Menschlichkeit zeugt, wo die „Starken" willenlose Werkzeuge der Vernichtung wurden:

> „Die neuen Maßnahmen sind so überzeugend, daß ich glaube, persönliche Bedenken zurücktreten lassen zu müssen. Aber es ist ein andres, staatliche Maßnahmen mit voller Überzeugung zu bejahen, ein andres, sie *selbst* in letzter Konsequenz durchzuführen.
>
> Die Parallele mit der Strafrechtspflege und Strafvollstreckung liegt hier sehr nahe. Und da komme ich, zu aller verstandesmäßigen Einsicht und allem guten Willen nicht um die Erkenntnis herum, daß ich mich nach meinem Naturell für diese Aufgabe nicht eigne. So lebhaft ich in vielen Fällen den Wunsch hätte, den natürlichen Ablauf verbessern zu können, so sehr widerstrebt mir, dies als eine systematische Aufgabe nach kalter Überlegung und nach wissenschaftlich-sachlichen

Richtlinien, — nicht aus ärztlicher Gefühlsnötigung den Kranken gegenüber auszuführen. Denn was mir die Arbeit im Kinderhaus so lieb gemacht hat, war nicht das wissenschaftliche Interesse, sondern das ärztliche Bedürfnis, inmitten unserer oft so fruchtlosen Arbeit, hier in vielen Fällen zu helfen und wenigstens zu bessern. Die psychologische Beurteilung und heilpädagogische Betreuung, Beeinflussung lagen mir stets weit mehr am Herzen, als anatomisch noch so interessante Kuriositäten. Und so kommt es, daß ich bei der Begutachtung volle Objektivität zu wahren glaube, mich aber doch als ärztlicher Betreuer den Kindern irgendwie gefühlsmäßig verbunden fühle, und ich glaube, daß dieser Gefühlskontakt vom Gesichtspunkt des nationalsozialistischen Arztes kein Mangel ist. Aber er hindert mich, die neue Aufgabe mit den bisherigen zu vereinigen."

An dem Brief ist besonders interessant, daß sich Dr. H. für fähig hält, Begutachtungen „objektiv" vorzunehmen, daß er aber seine Patienten nicht eigenhändig zu töten vermag. Das heißt doch, daß auch er bürokratisch-anonym ein Todesurteil abgeben könnte, aber nicht ein noch so niedrig stehendes Lebewesen der menschlichen Art verletzen kann. Es zeigt den Widerspruch zwischen bürokratischem und ärztlichem Handeln und beweist, daß ein Mensch wie Dr. H. zwischen ihnen noch zu unterscheiden vermag. Er ist zwar nicht mehr ursprünglich genug, um die Maßlosigkeit des bürokratischen Übergriffes völlig abzulehnen, doch sind seine eigenen Patienten für ihn Menschen, nicht Zahlen, und darum unantastbar. Wenn es dem heutigen Arzt gelingt, wie Dr. H., in dem Heer anonymer Kranker wieder die einzelnen Menschen als leibhaftige Wirklichkeit vor sich zu sehen und mit ihnen zu fühlen, ist er vor der Versuchung gefeit, diese Massen als hoch- oder minderwertig zu beurteilen und nach Erwägungen, die mit ihrer Krankheit und ihrem Sein nichts zu tun haben, in den Tod zu schicken.

Es wurde im Vorhergehenden versucht, einen Ausschnitt aus der Tragödie der Euthanasie in Deutschland darzustellen, die wiederum nur ein kleines Kapitel in der großen Tragödie des Nationalsozialismus in Deutschland ausmacht. Es sollten die grauenhaften Tatsachen, bevor sie der Vergessenheit verfallen, dokumentarisch festgelegt werden und die erhaltenen Dokumente, es sind nur allzu wenige, zusammen erscheinen. Nur die restlose Enthüllung des Gewesenen kann eine Abkehr von der Vergangenheit herbeiführen, einer Vergangenheit, in der die Schuld Deutschlands an der Auflösung aller bestehenden Ordnungen groß war. Es ist zu hoffen, daß es Deutschland möglich sein wird, seinen Beitrag am Wiederaufbau Europas und der europäischen Wissenschaft zu leisten, der diese Schuld der Vergangenheit auszulöschen vermag.

Dr. med. Alice Platen-Hallermund, geb. am 28. 4. 1910 in Weißenhaus (Holstein). Ärztin am Krankenhaus St. Getreu in Bamberg.

ANMERKUNGEN

[1] Für Baden-Württemberg siehe: Sind die Ermordeten schuldig? Amtliche Dokumente der Direction de la Santé Publique der französischen Militärregierung. Schröder-Verlag, Baden-Baden 1947.

[2] *N. v. Hellingrath,* Hölderlins Wahnsinn. Bruckmann-Verlag.

[3] „Euthanasie" und Menschenversuche. „Psyche", Heft 1, 1947, S. 68—102.

[4] *Becker,* Euthanasie in England. Deutsche Justiz 1936, S. 80. Bericht über die Bestrebungen Dr. K. Millards.

[5] *K. Binding* und *A. Hoche,* Die Freigabe der Vernichtung des lebensunwerten Lebens, 1922.

[6] *E. Meltzer,* Das Problem der Freigabe der Vernichtung lebensunwerten Lebens, 1925.

[7] *John Koty,* Die Behandlung der Alten und Kranken bei den Naturvölkern. Stuttgart 1934. Eine eingehende Arbeit über die Bedingungen, unter denen Alte und Schwache bei primitiven Stämmen getötet werden.

[8] *H. W. Kranz,* Die Gemeinschaftsunfähigen, Gießen 1939.

[9] *Carl Schneider,* Die Behandlung und Verhütung der Geisteskrankheiten. Berlin 1939.

[10] „Psyche", Heft 1, S. 68—102.

[11] *H. Rauschning,* Gespräche mit Hitler, Europa-Verlag, Zürich—New York, 1940. S. 216—217, 218, 219, 232.

[12] Siehe *Konrad Heiden,* Hitler, Zürich, 1937, wo die aufschlußreichen Dokumente über das Scheitern seiner Aufnahme in die Wiener Kunstakademie nachzulesen sind.

[13] Ueber den staatsrechtlichen Charakter des Führererlasses siehe Prof. *H. Jahrreiss:* Gutachten über den Führererlaß im Nürnberger Prozeß vor dem JMT.

[14] Jahrg. 2, Heft 3, Seite 261 ff. (April 1947).

[15] Siehe den oben zitierten Artikel „NS-Volksdienst". April 1940.

[16] Archiv für Rassen- und Gesellschaftsbiologie, Jahrg. 1935.

[17] Aus „Waren die Ermordeten schuldig?" Schröder-Verlag, Baden-Baden 1947.

[18] Siehe *E. Meltzers* Umfrage unter den Eltern schwachsinniger Kinder in seinem Buch: Zum Problem der Freigabe der Vernichtung lebensunwerten Lebens. 1925.

[19] Gutachten Prof. *K. Engisch* im Dokumentenbuch des Angeklagten Viktor Brack.

[20] mit Prof. *Schröder* — Verfasser des Buches „Kindliche Charakterkunde". Über die Zustände in Goerden vergl. die Schilderung von Pastor *P. Braune* in Zeitschrift für Innere Mission, Mai/Juni 1947.

[21] über die Anstalt Eglfing siehe Affid. *Ludwig Lehner,* Protokoll S. 1542; *Mitscherlich-Mielke,* „Das Diktat der Menschenverachtung" 1947, S. 119.

[22] Abgedruckt in Zeitschrift für Innere Mission, Mai/Juni 1947.

[23] Siehe Denkschrift Pastor *Braune* und Artikel in der Zeitschrift für Innere Mission, Mai/Juni 1947.

[24] Die Wandlung, Jg. 2, Heft 3, S. 265 f.

[25] „Waren die Ermordeten schuldig?" Schröder-Verlag, Baden-Baden 1947.

[26] Vergl. den Brief des Landesbischofs von Württemberg, *Dr. Wurm,* in „Die Wandlung", Jahrg. 2, Heft 3; die Predigt des Bischofs von Münster, *Graf Galen,* in „Die Ermordeten waren schuldig?" Baden-Baden 1947; die Schreiben des Bischofs von Limburg und Kardinal *von Faulhabers* in Mitscherlich-Mielke „Das Diktat der Menschenverachtung", Heidelberg 1947; die Stellung der Inneren Mission in Pastor *B. Braunes* Artikel: „Der Kampf der I. M. gegen die Euthanasie", Zeitschrift „Die Innere Mission", Mai/Juni 1947; endlich zahlreiche Dokumente in *I. Neuhäusler* „Kreuz und Hakenkreuz", München 1946.

[27] Ein anschauliches Bild von den Möglichkeiten, Patienten zu retten und den Anstaltsbetrieb weiterzuführen, vermittelt die oben erwähnte Schrift der Französischen Militärregierung, in der der Chefarzt *Dr. Robert Poltrot* Berichte der einzelnen Direktoren der badischen und württembergischen Anstalten abgedruckt hat.

[29] „Waren die Ermordeten schuldig?" Schröder-Verlag, Baden-Baden 1947.

Bücher zum Thema
FASCHISMUS

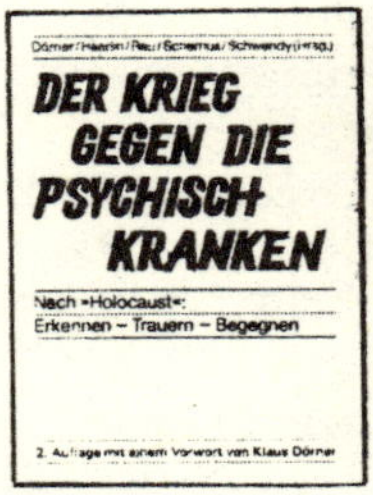

Dörner/Haerlin/Rau/Schernus/Schwendy (Hrsg.)

Der Krieg gegen die psychisch Kranken

„...eine aufwühlende, ja, geradezu schmerzhafte Lektüre. Für Geschichts- und Sozialkundelehrer ... ist dieses Buch von unschätzbarem Wert." NDR
296 S., 19.80 DM (20.80 SFr, 155 ÖS)

Roer/Henkel (Hrsg.)

Psychiatrie im Faschismus

Die Anstalt Hadamar 1933 - 45

Eine Fallstudie mit vielen Fotos und Dokumenten, wie sie in dieser Ausführlichkeit einmalig sein dürfte.
400 S., Sonderpreis 12.00 DM (13 SFr, 94 ÖS)

Asmus Finzen

Auf dem Dienstweg

Die Verstrickung einer Anstalt in die Tötung psychisch Kranker
160 S., Sonderpreis 5.00 DM (6 SFr, 39 ÖS)

Psychiatrie-Verlag
Postfach 2145 • 53011 Bonn